娃娃小魔女

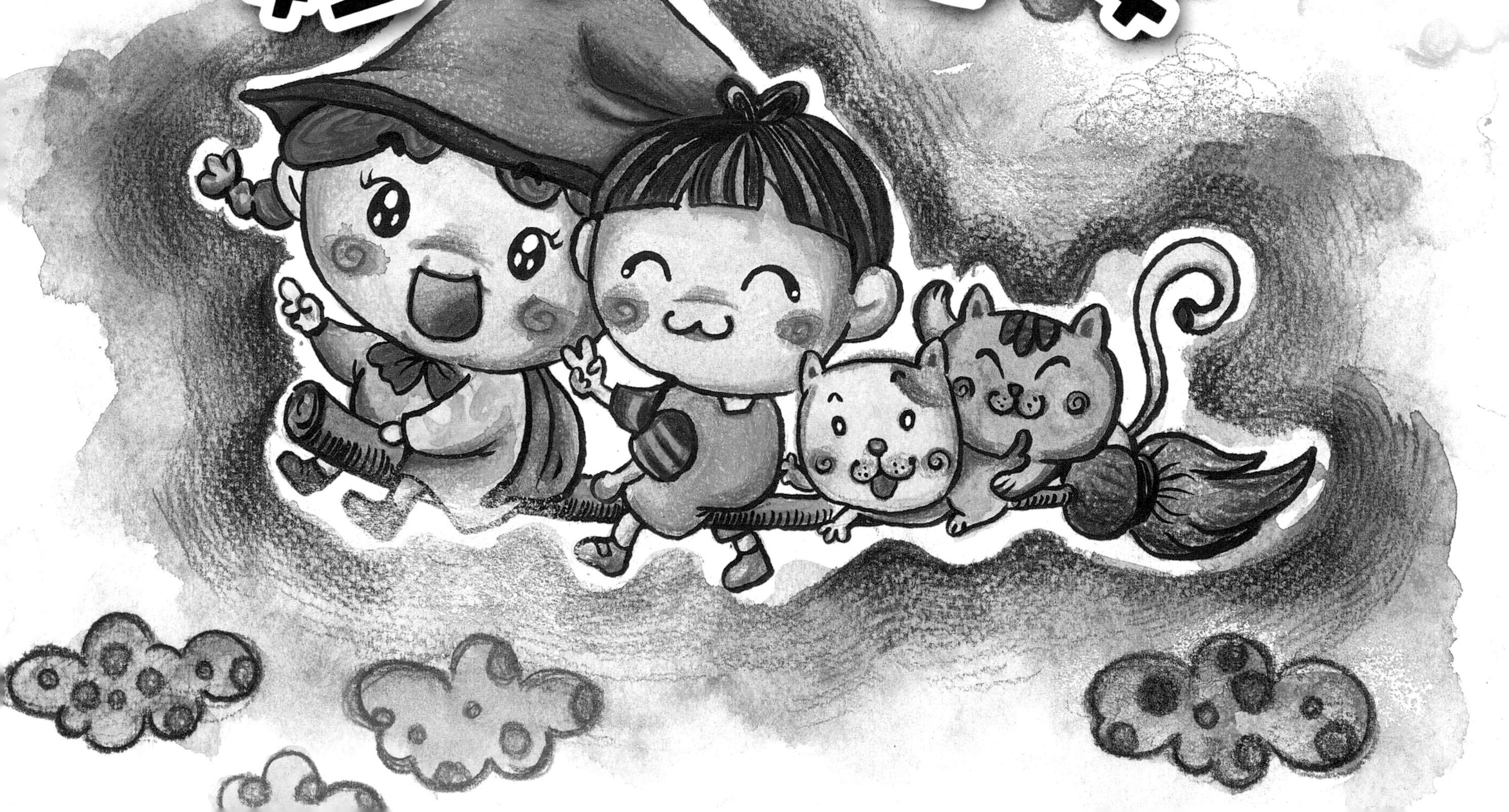

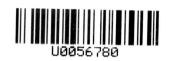

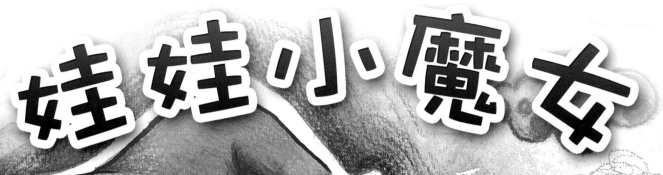

作者簡介

吳幸如

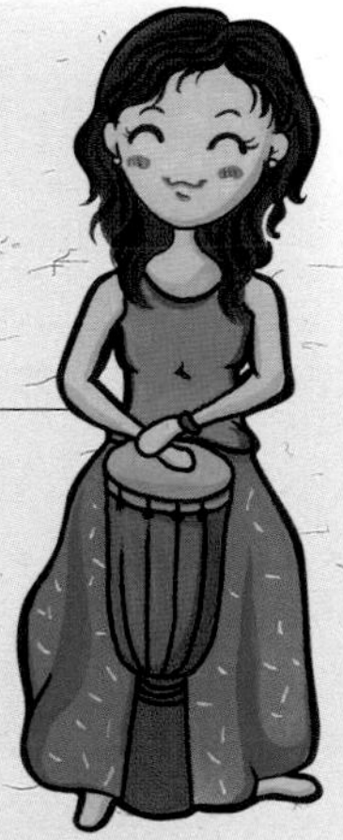

現任：台南女子技術學院幼保系講師（專）
台南大學幼教系兒童音樂治療課程
台南市兒福中心音樂教育與音樂治療督導

五歲習琴，父母皆好詩書文藝，故自幼深受藝術與音樂薰陶。台南家專（現台南女子技術學院）音樂科畢業後，赴加拿大就讀於多倫多皇家音樂學院，獲鋼琴演奏與理論教師特優文憑，並修習奧福、達克羅士、高大宜等完整訓練課程。多次參與國際音樂治療研習，引發研究音樂治療在兒童與特教領域應用的興趣，赴美研習音樂治療課程，為美國音樂治療學會（AMTA）會員，並獲表達性藝術音樂治療（EAMT）證書、音樂教育碩士學位。從事兒童音樂教育近二十年，多次主持國中、國小、幼稚園音樂師資培訓，以及參與各縣市教育局主辦之「藝術與人文」領域師資培養計畫，亦受邀於楠梓特殊學校、南部精神醫療院所、特教機構等從事音樂治療之輔導工作，及各大醫療機構的音樂治療與實務課程之講授分享與示範演練，完成音樂治療相關研究多篇，分別發表於相關大專院校學報、專業研討會、與大型國際學術會議。目前任職於母校台南女子技術學院幼保系，教授兒童音樂教育概論、兒童音樂課程設計、創造性肢體律動、幼兒肢體開發、兒童音樂治療、親子音樂活動理論與實務……等課程。

繪者簡介

賴虹年【西瓜魚】

台南女子視覺傳達設計
是一個喜歡畫畫的普通人
除畫畫好像還是只會畫畫
也喜歡攝影，東拍拍西拍拍
記錄自己的生活

千展圖書文化有限公司美編人員
兼職兒童插畫

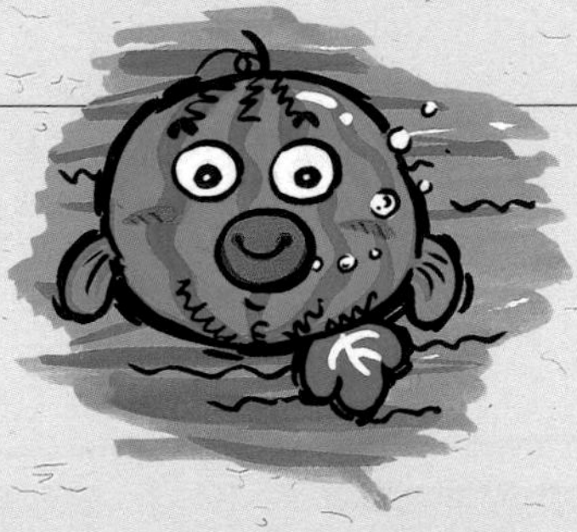

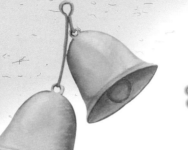

指導語

本系列之表達性藝術幼兒音樂課程系列分為小班、中班、大班「教學指導手冊」兩本與「幼兒音樂課本」六本。「幼兒音樂課本」須搭配同系列的「表達性藝術幼兒音樂課程教學指導手冊」來實施教學，每一主題單元都可以當成主題性的課程，或成為原有的音樂課程的教學補充資料。甚至中、大班的單元內容可以延伸應用至國小一、二年級「九年一貫課程之藝術與人文」的領域裡。

「幼兒音樂課本」，筆者希望提供的是一本幼兒學習成長的紀錄本，課本裡將保留幼兒藝術作品與音樂活動中為幼兒所拍攝的照片，希望指導老師們能用心參與幼兒的學習過程，豐富幼兒們的童年記憶。所以照相留影是不可或缺的一環，一步一腳印，讓幼兒擁有一份美好的回憶。中、大班的「幼兒音樂課本」會附上節奏卡，可以請幼兒拆下後收放於課本封底的透明袋裡，指導老師可以視課程的需要來搭配使用。此外，每本課本中會附上獎勵小貼紙，可以請幼兒在每一單元課程結束後，撕下一張，貼於目錄的小方格中，代表他已完成此課程。

人文藝術的涵養與教育必須從幼兒時期開始培養，才能達到事半功倍的效果。日後致力於開發教學資源與學習是筆者努力的目標，由於個人才疏學淺，在課程的規劃與設計上或有不盡完善之處，還請先進們與讀者不吝指教。

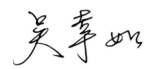

目錄

作者簡介 01
指導語 02
單元一 魔拳魔掌 04
單元二 魔眼魔耳 05
單元三 魔音傳耳 07
單元四 身體變變變 08
單元五 魔法雲朵 09
單元六 水果精靈 11
單元七 魔法小馬兒 13
單元八 魔力我最棒 14
單元九 魔法滴答滴 16
單元十 貓捉老鼠 18
單元十一 魔法玩具國 19
單元十二 星星在唱歌 21
單元十三 魔幻列車 23
單元十四 櫻花季 24
單元十五 魔法DIY～手搖鈴 26
單元十六 滑雪樂 28
單元十七 月光雪橇 29
單元十八 魔笛 32
單元十九 歡樂過新年 34
單元二十 霹靂龍和吉祥獅 36
五線譜 37
貼紙 39
舞獅面具 41
結業證書 43

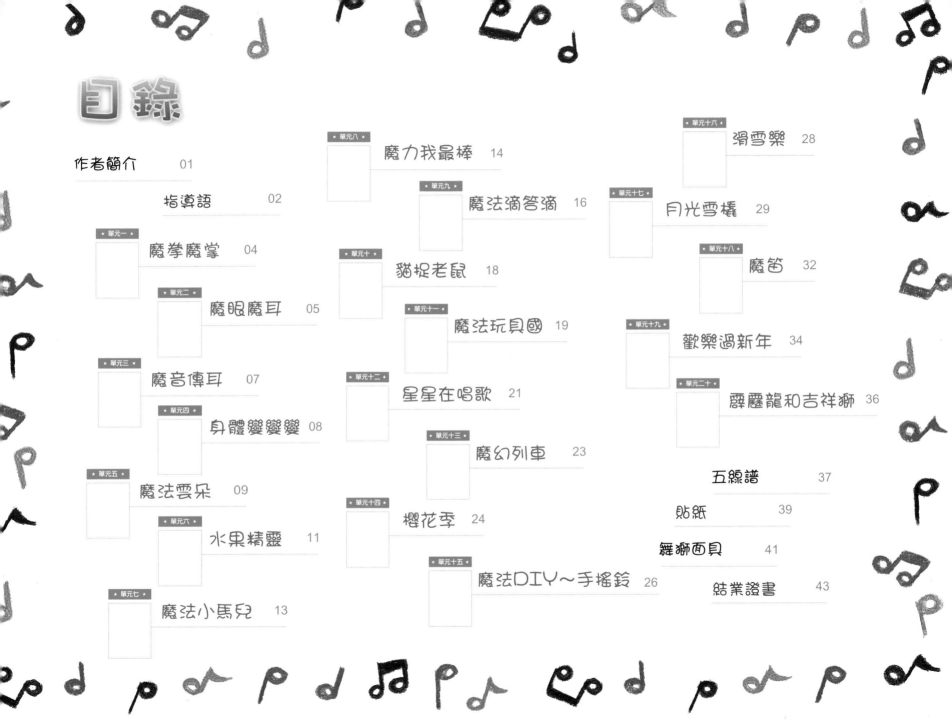

1 魔拳魔掌

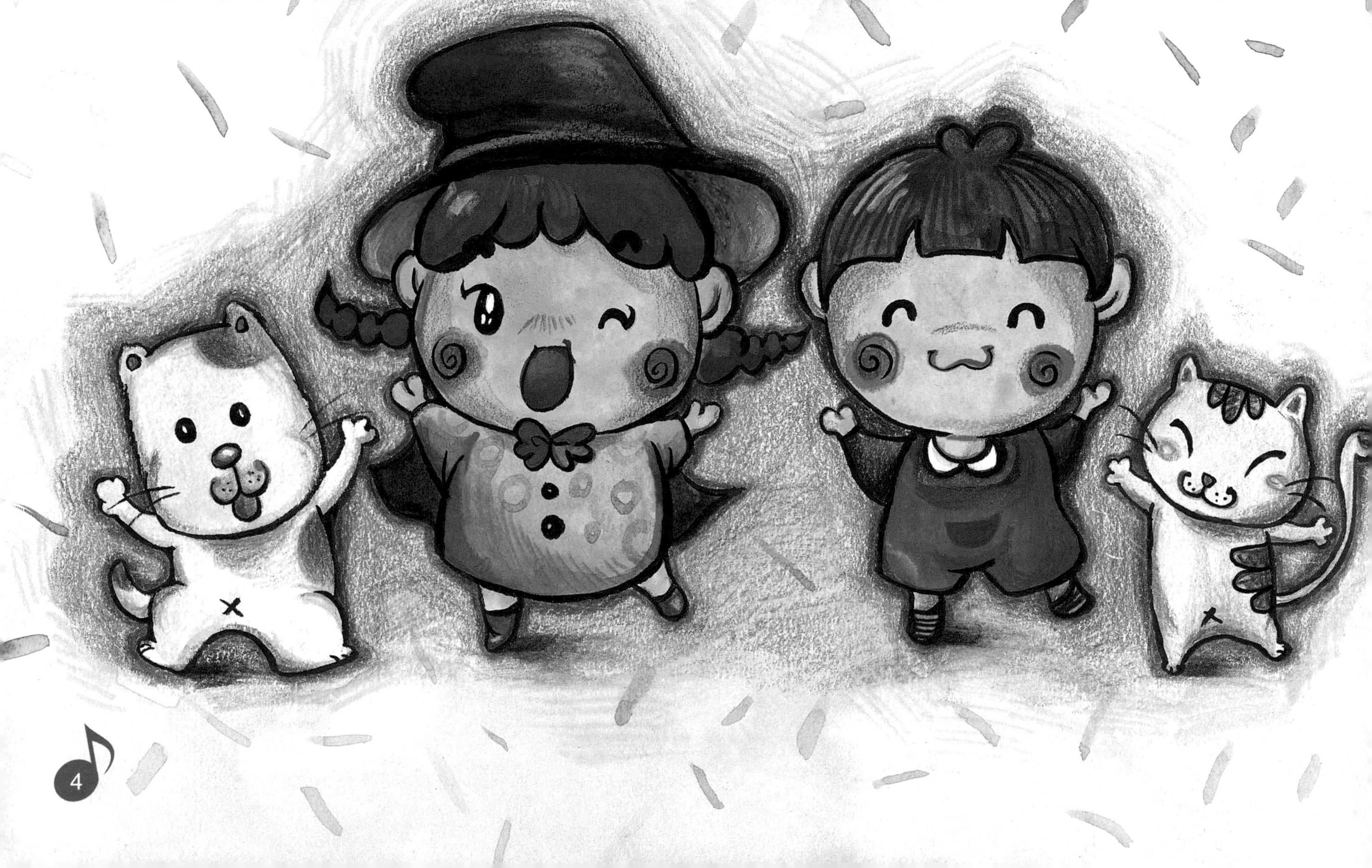

② 魔眼魔耳

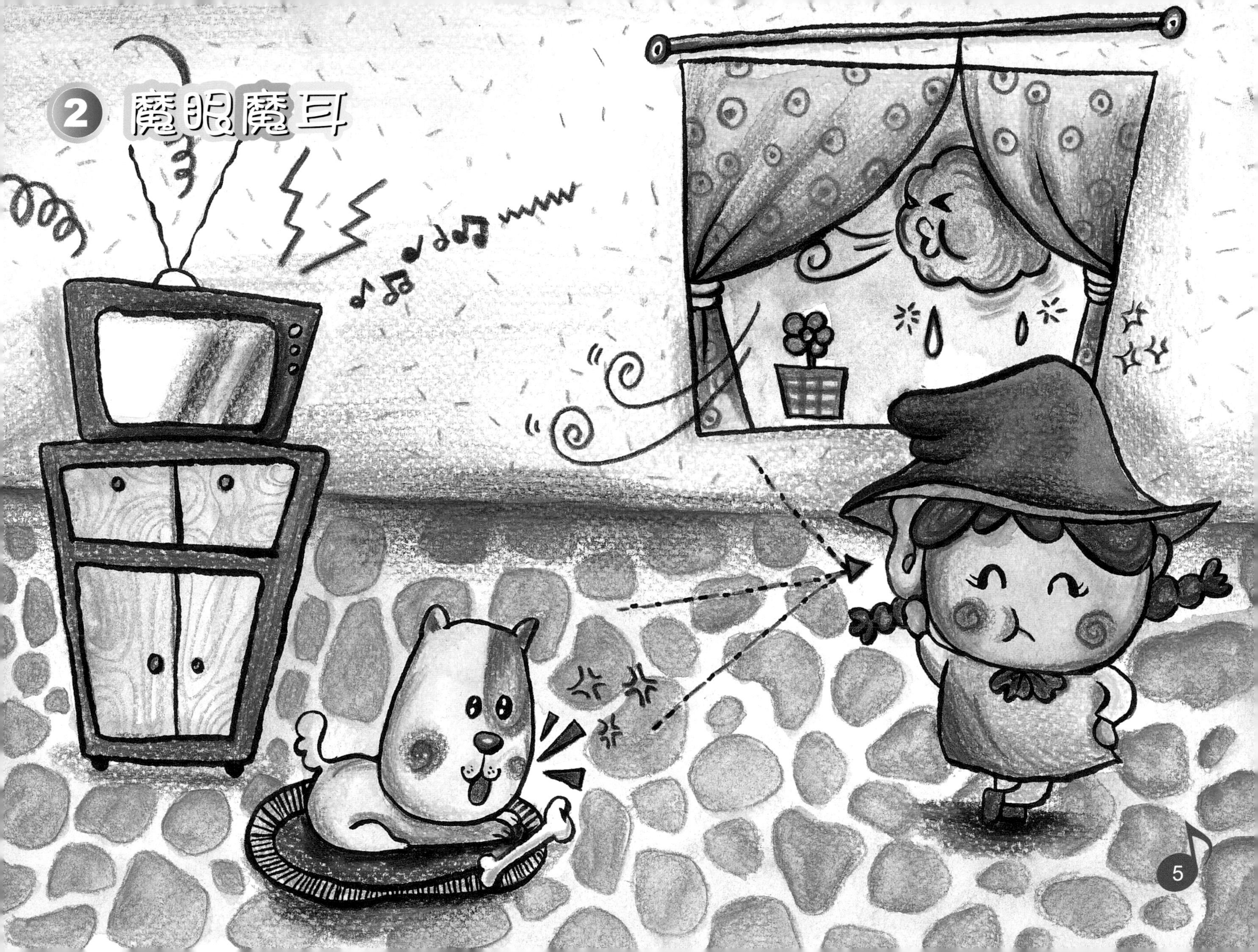

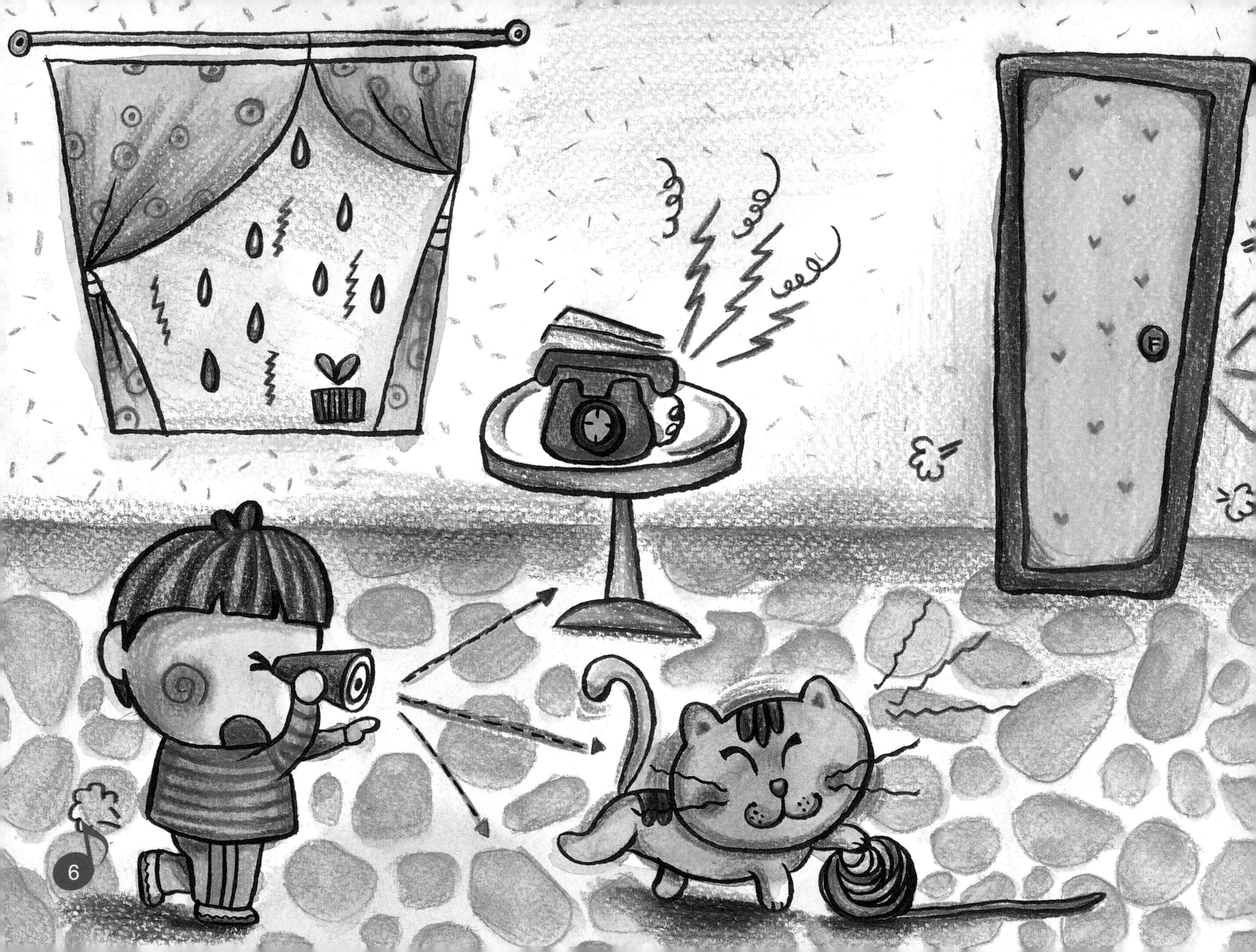

3 魔音傳耳

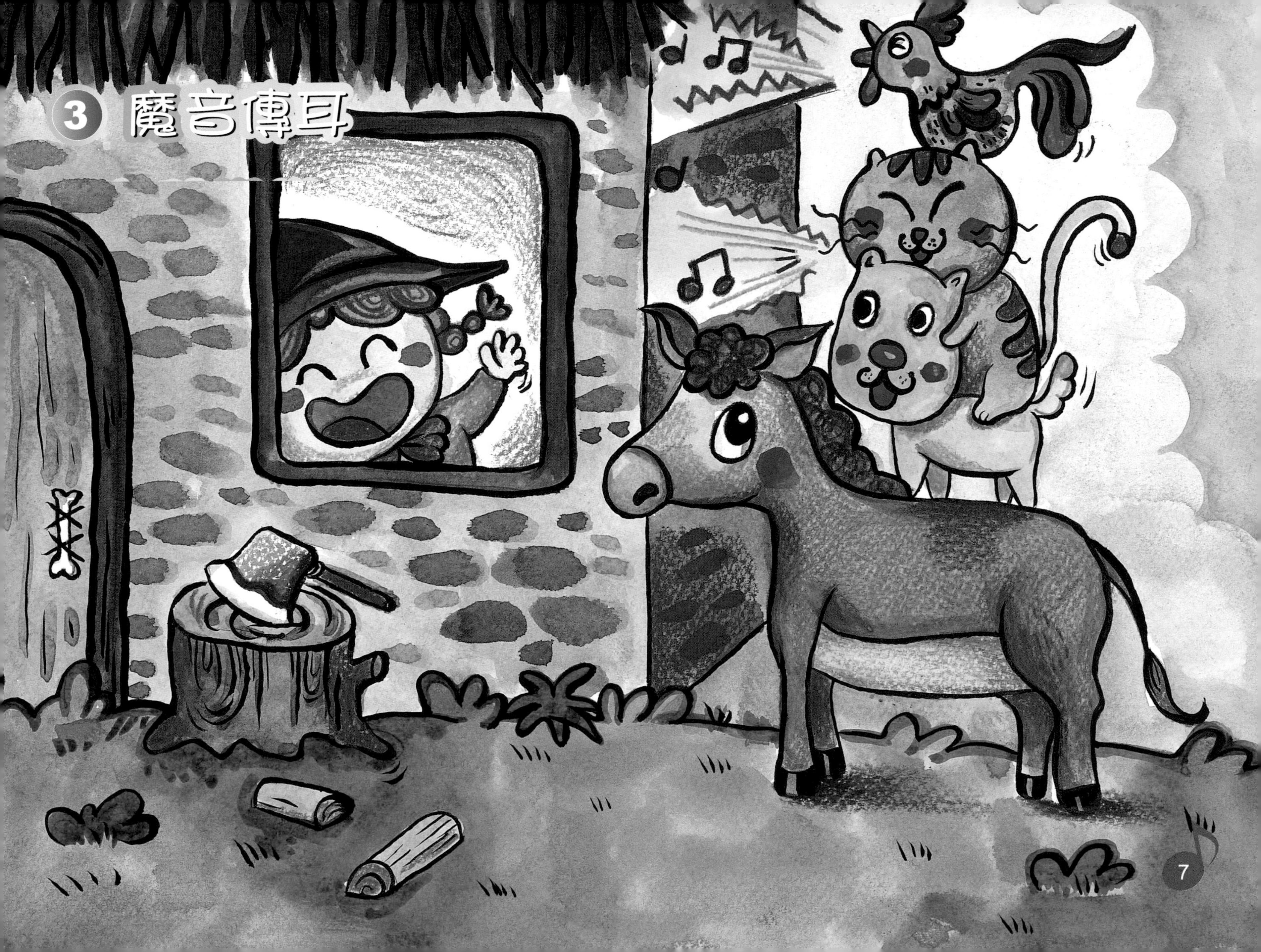

4 身體變變變

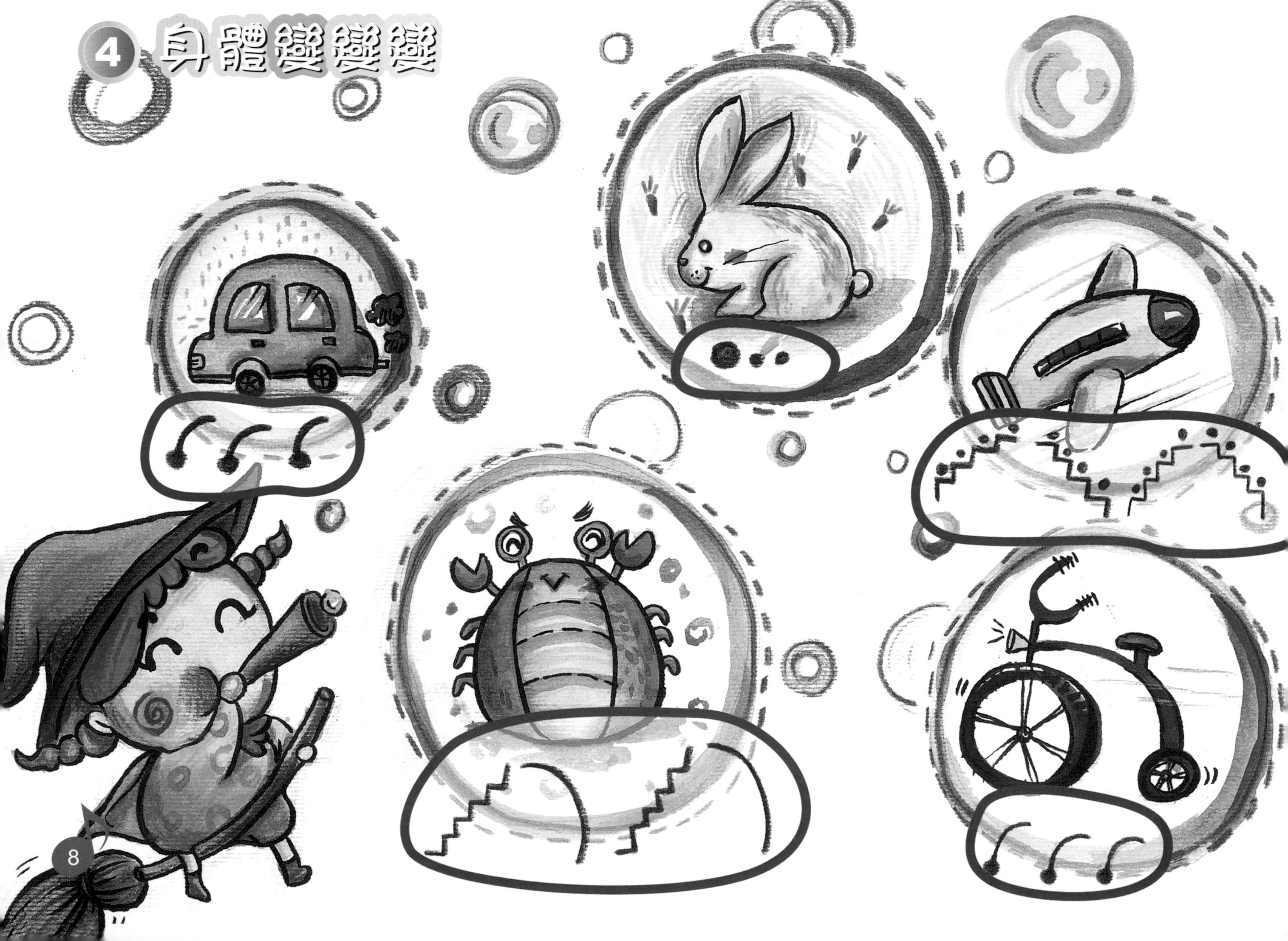

5 魔法雲朵

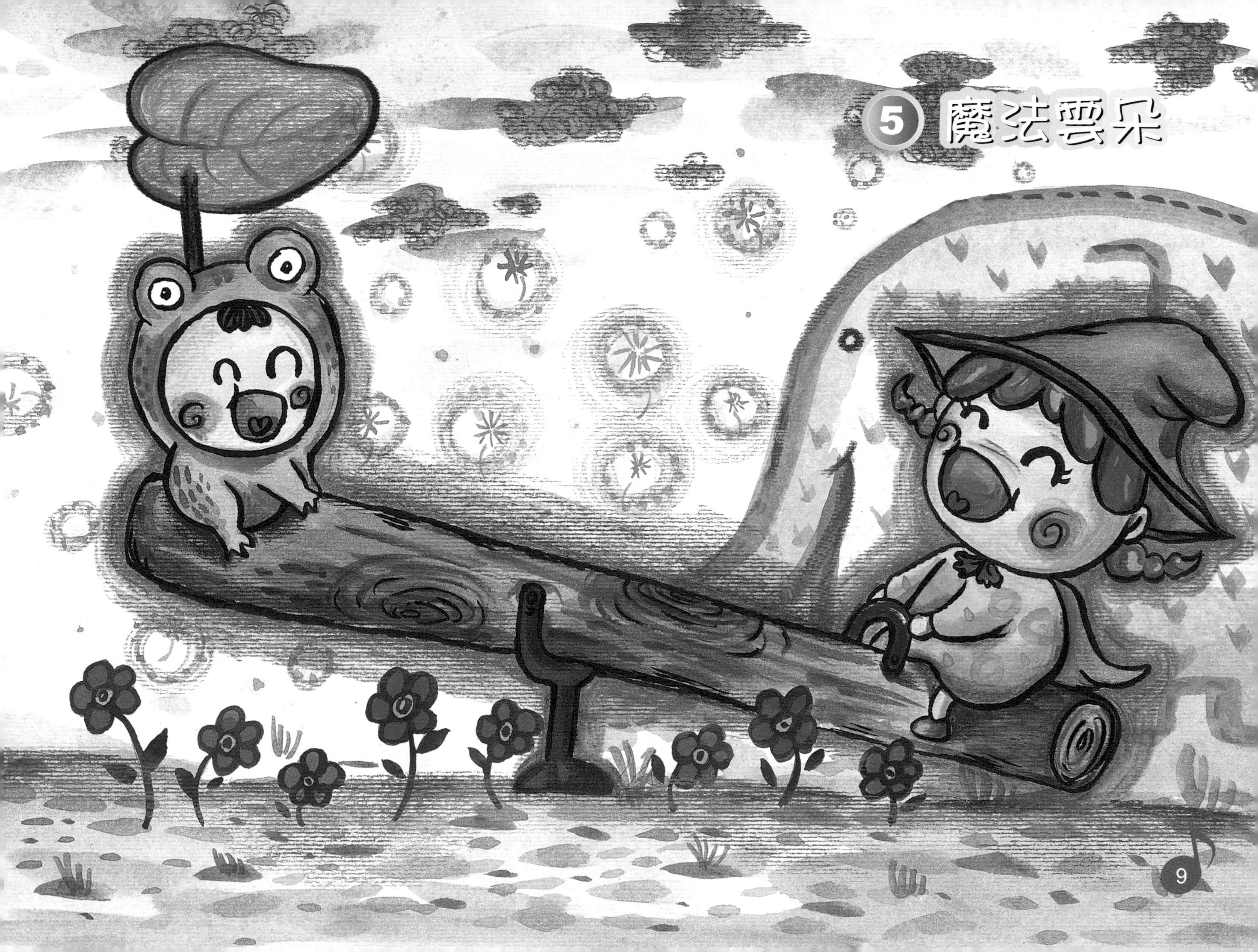

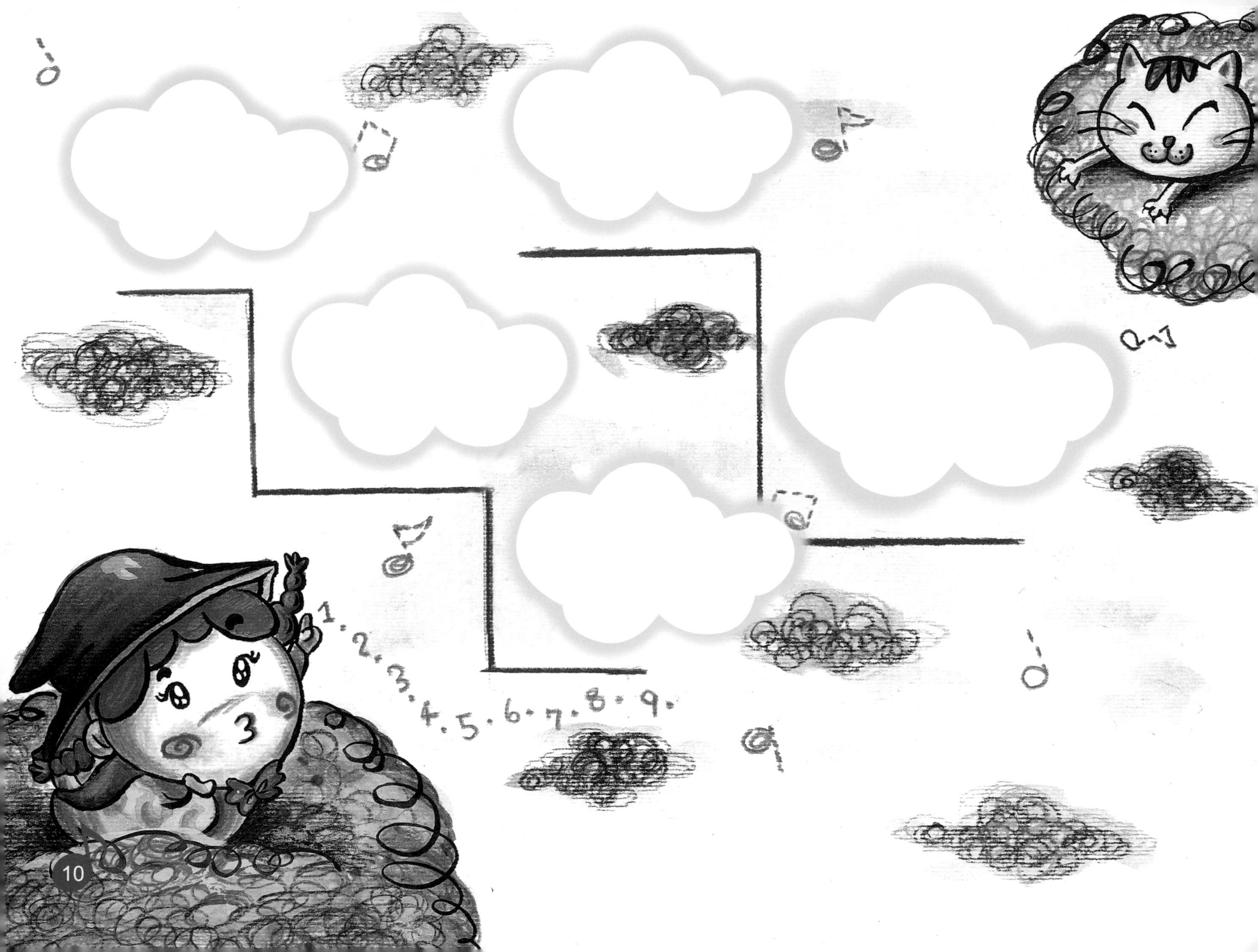
1.2.3.4.5.6.7.8.9.

6 水果精靈

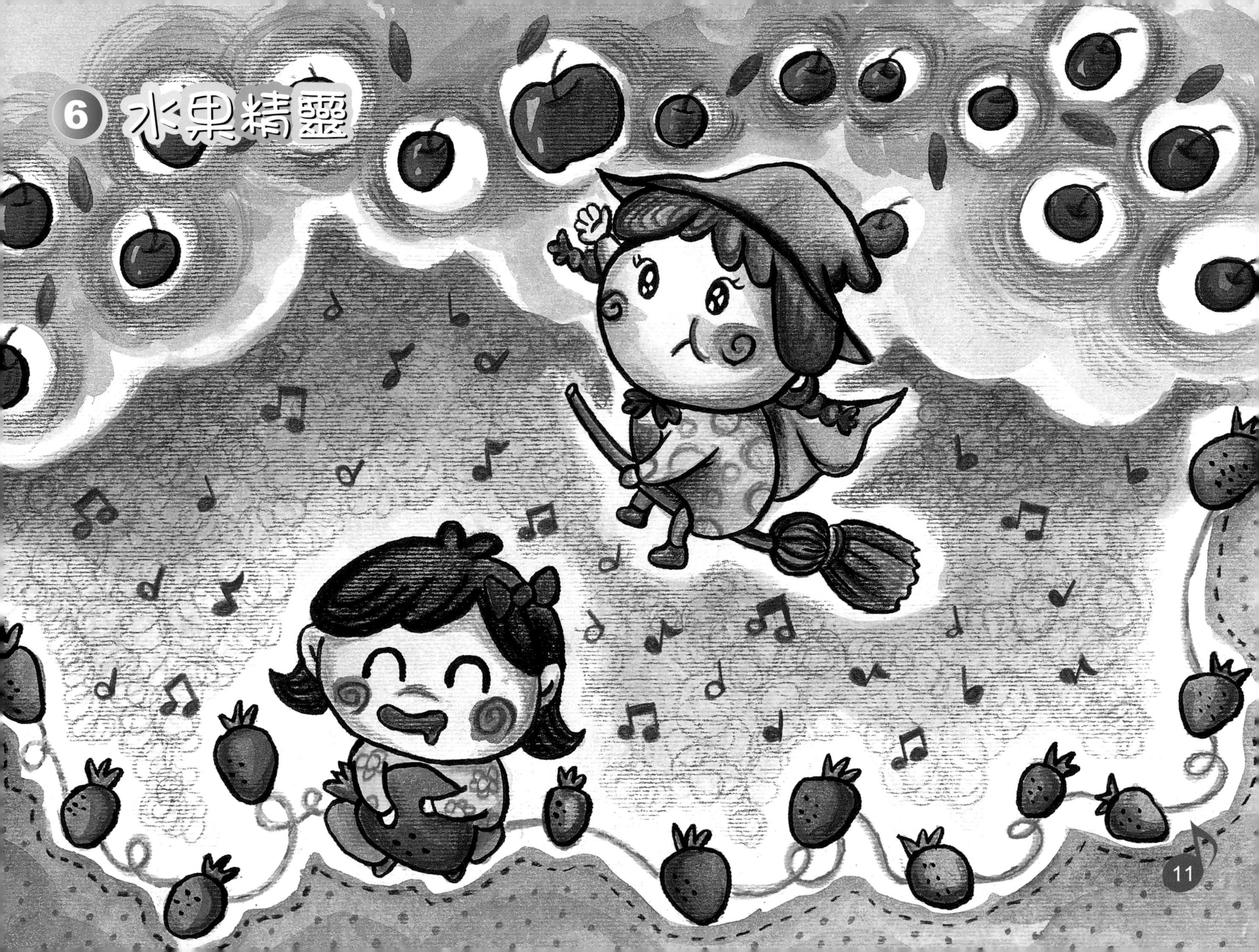

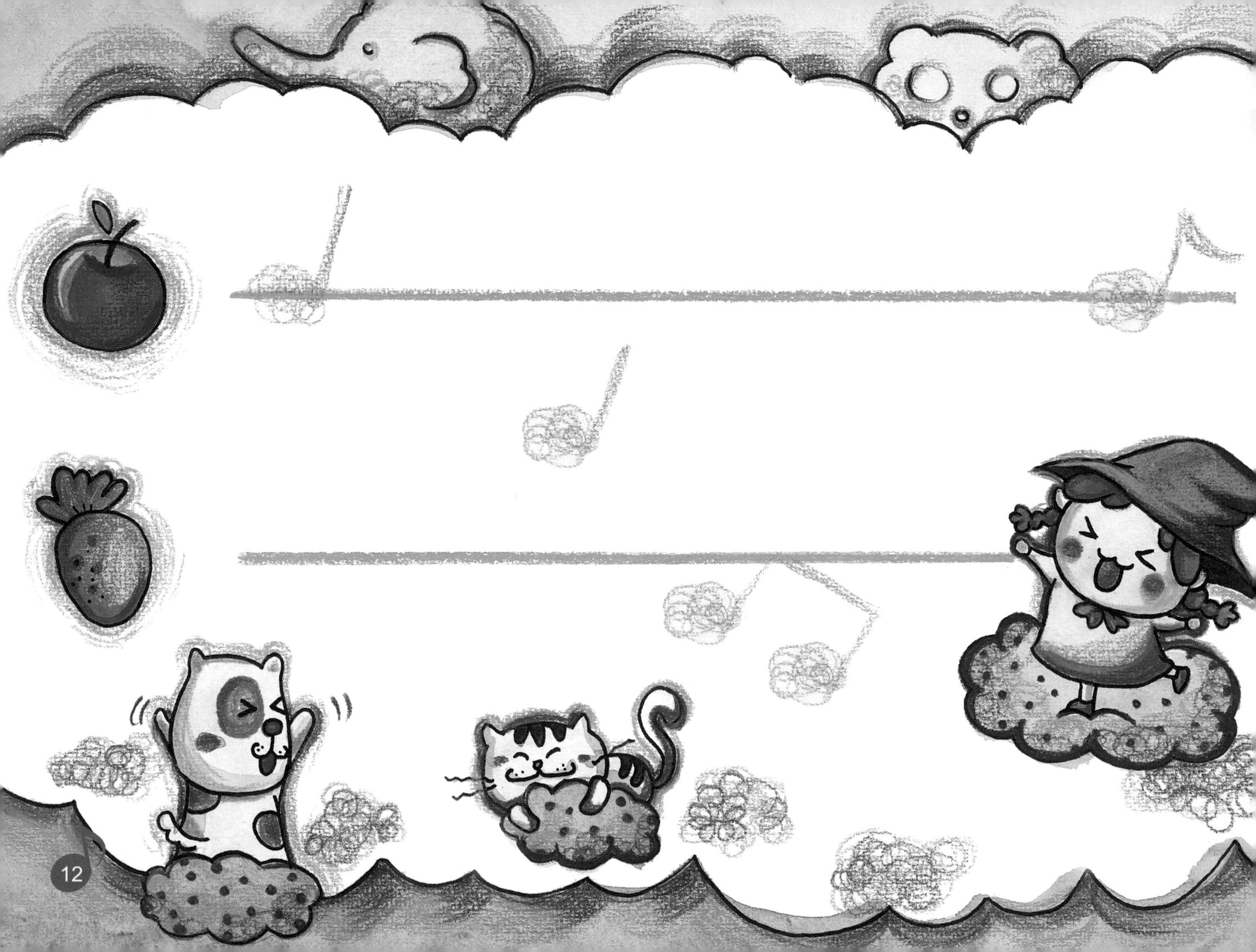

7 魔法小馬兒

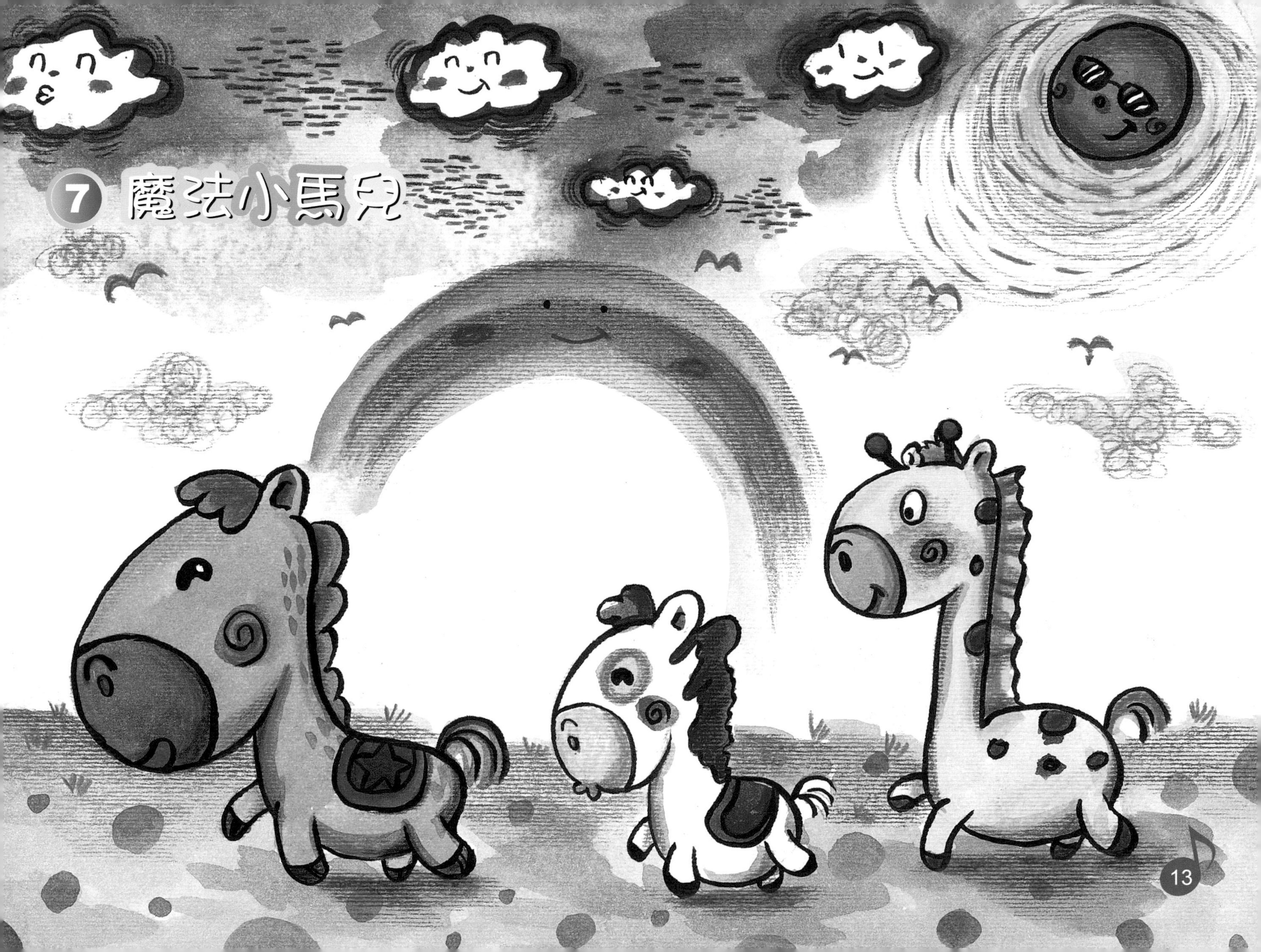

8 魔力我最棒

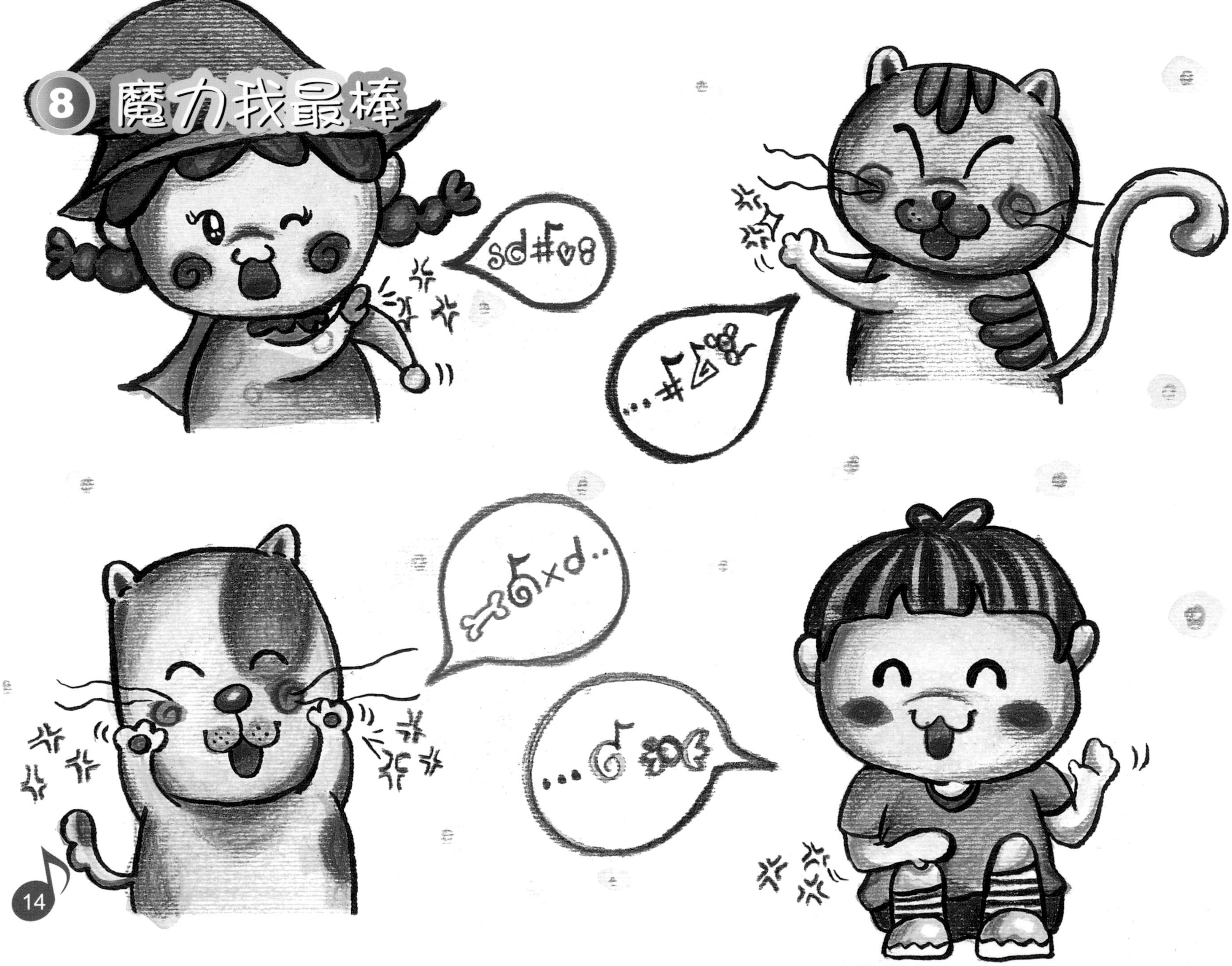

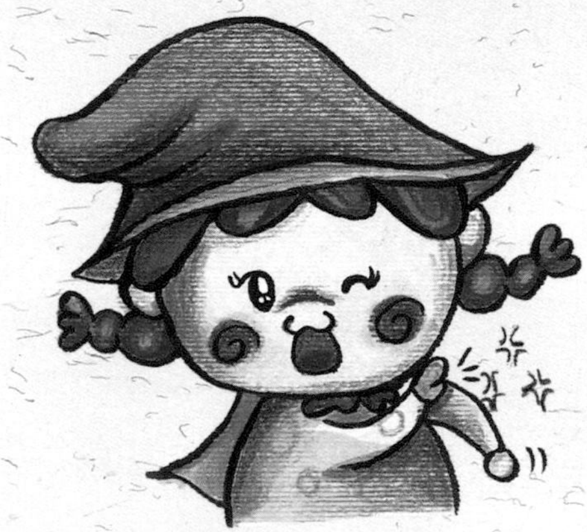

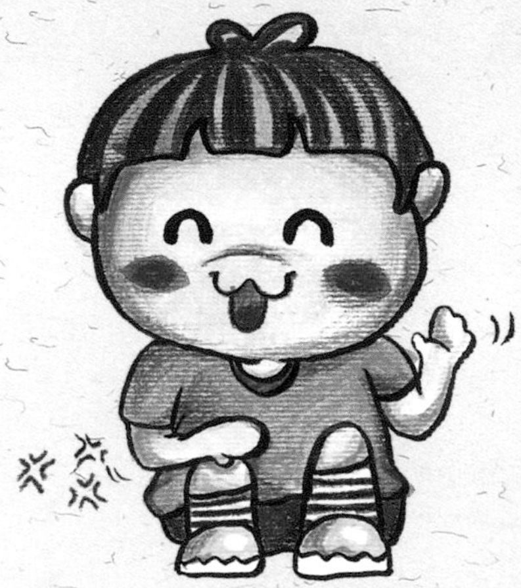

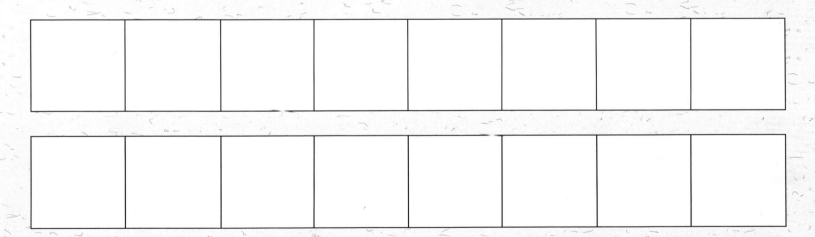

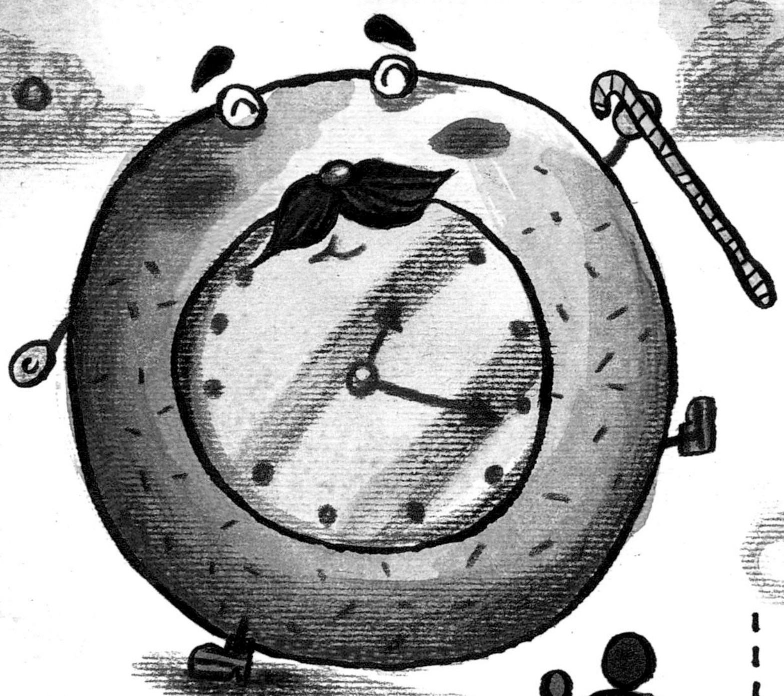

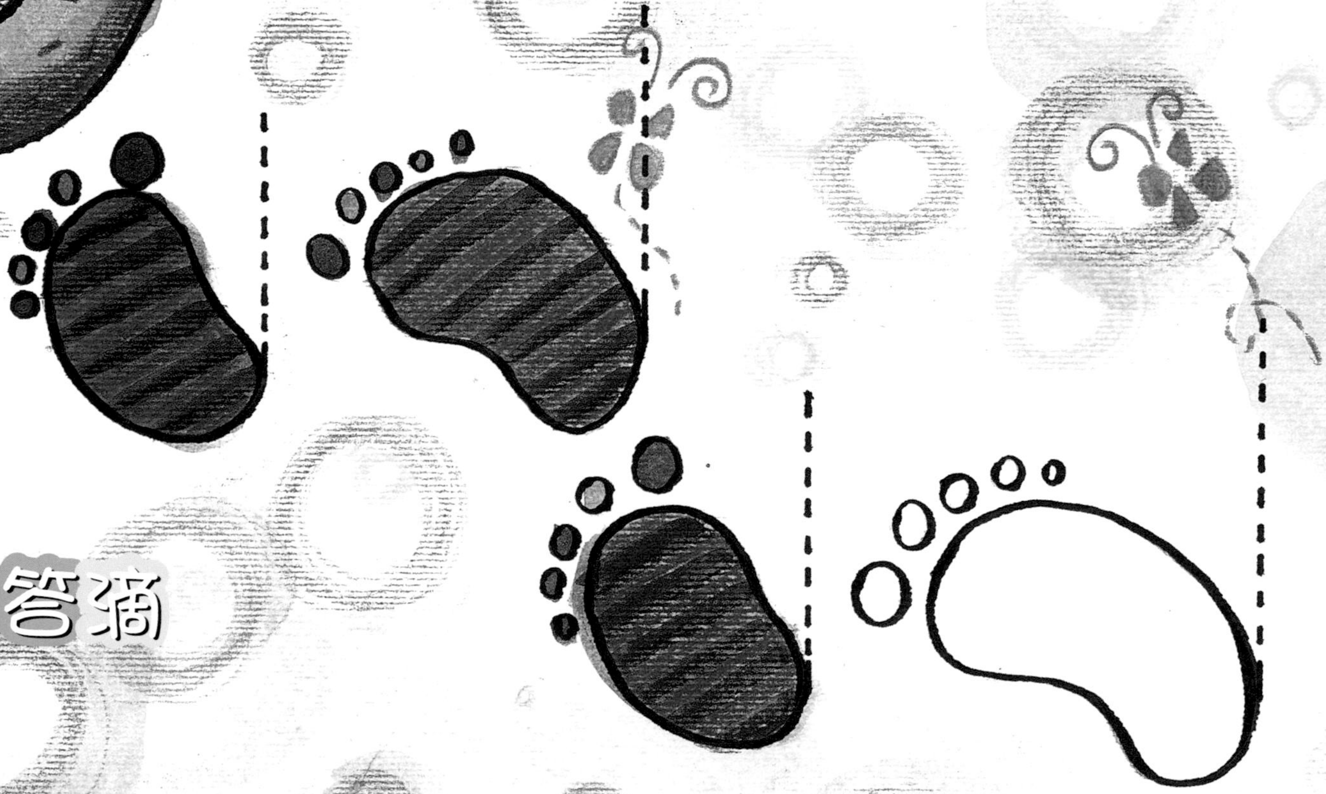

9 魔法滴答滴

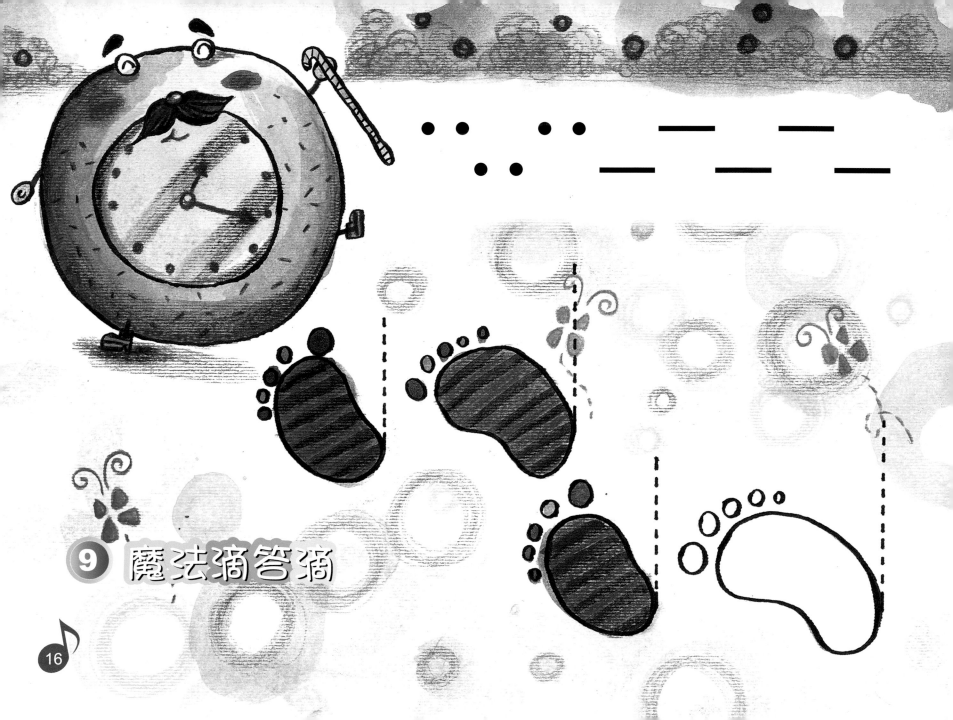

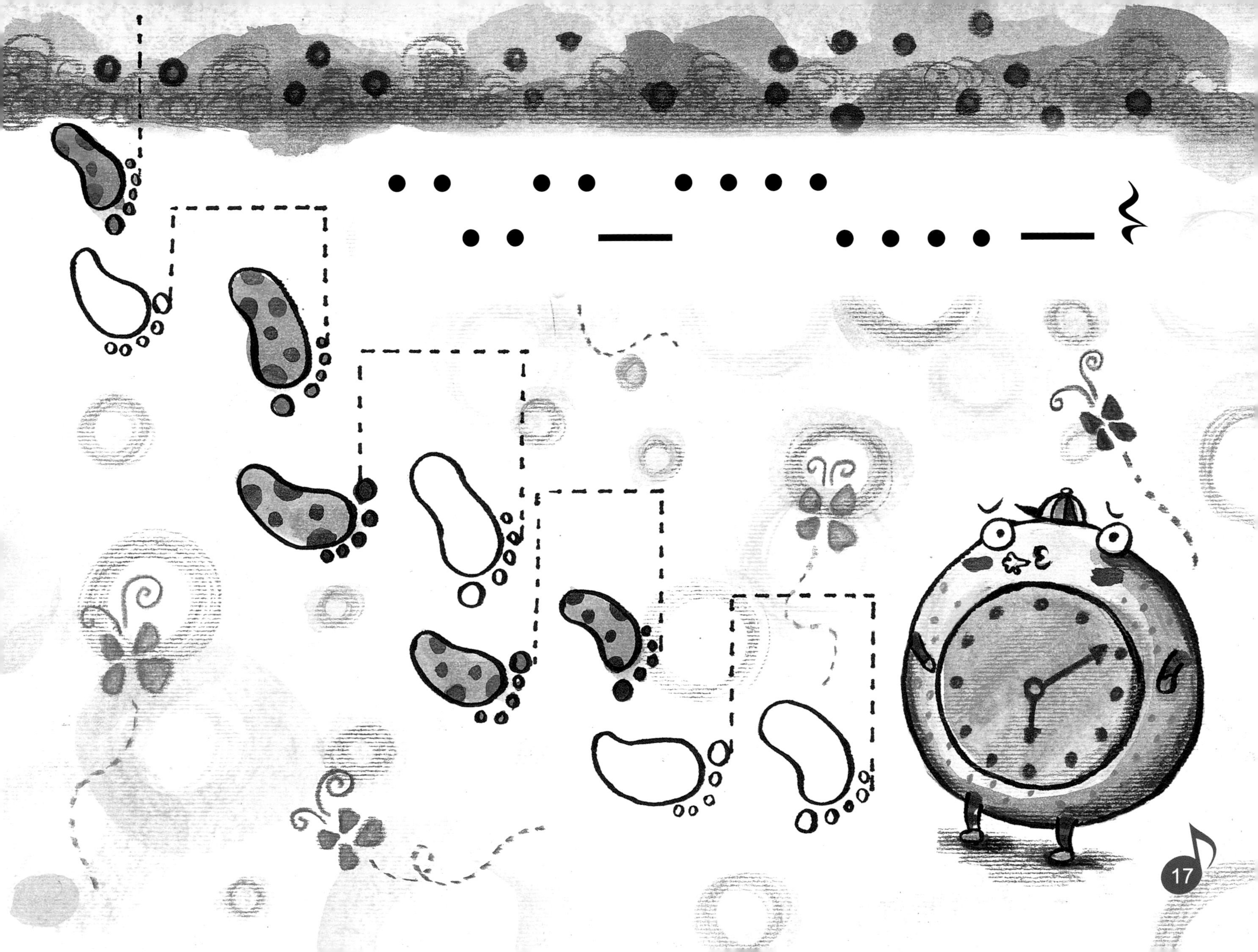

10 貓捉老鼠

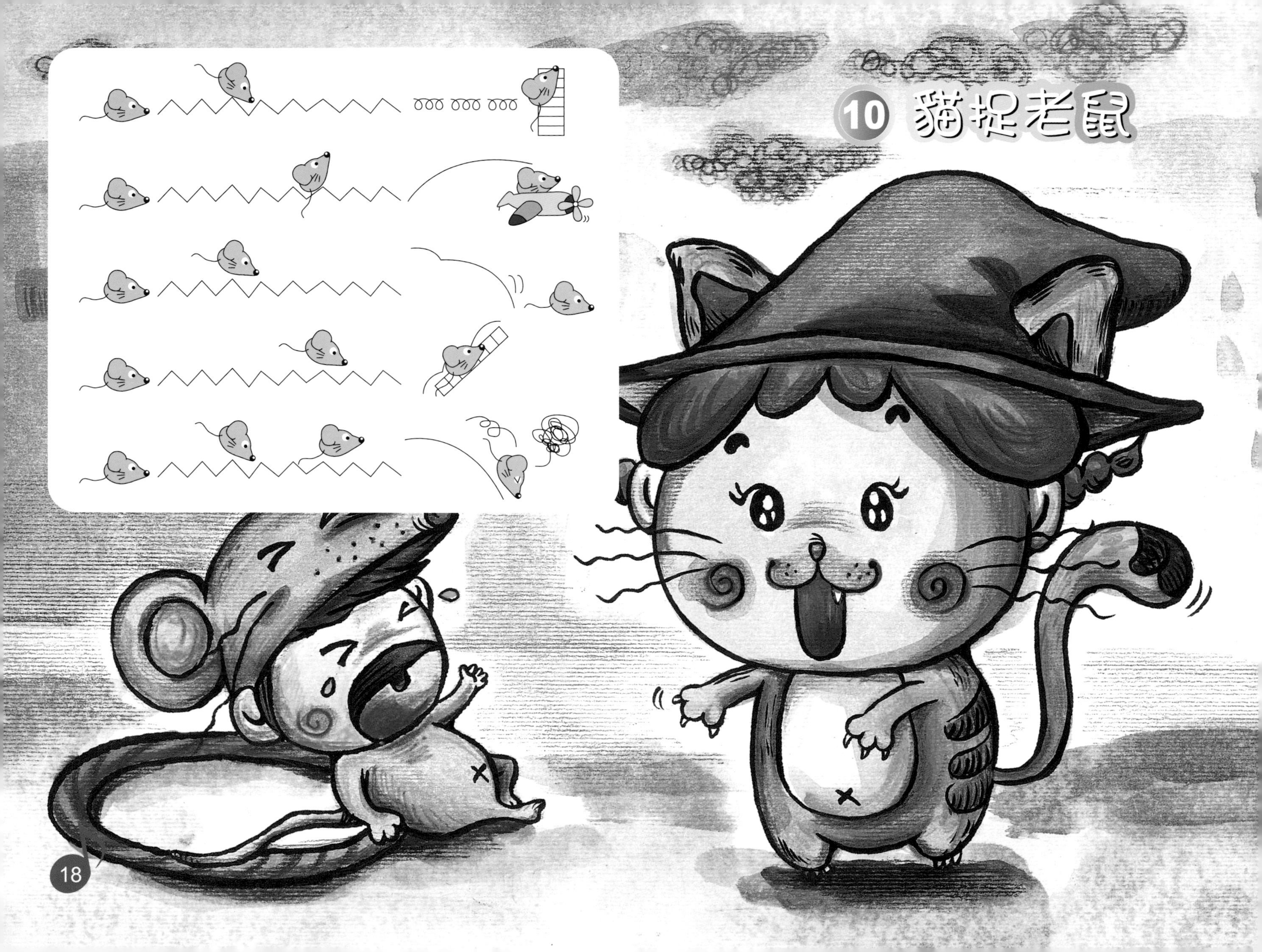

11 魔法玩具國

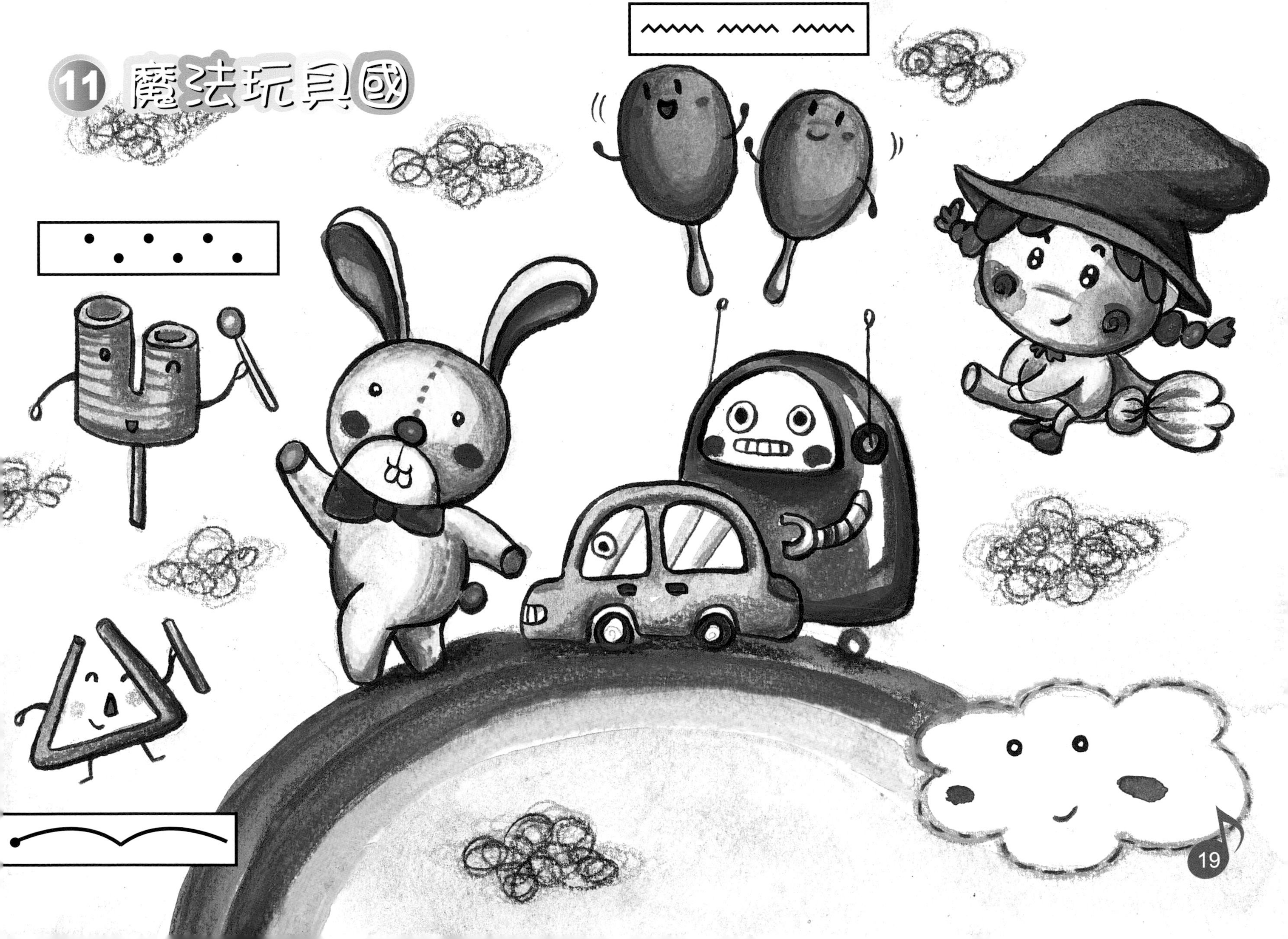

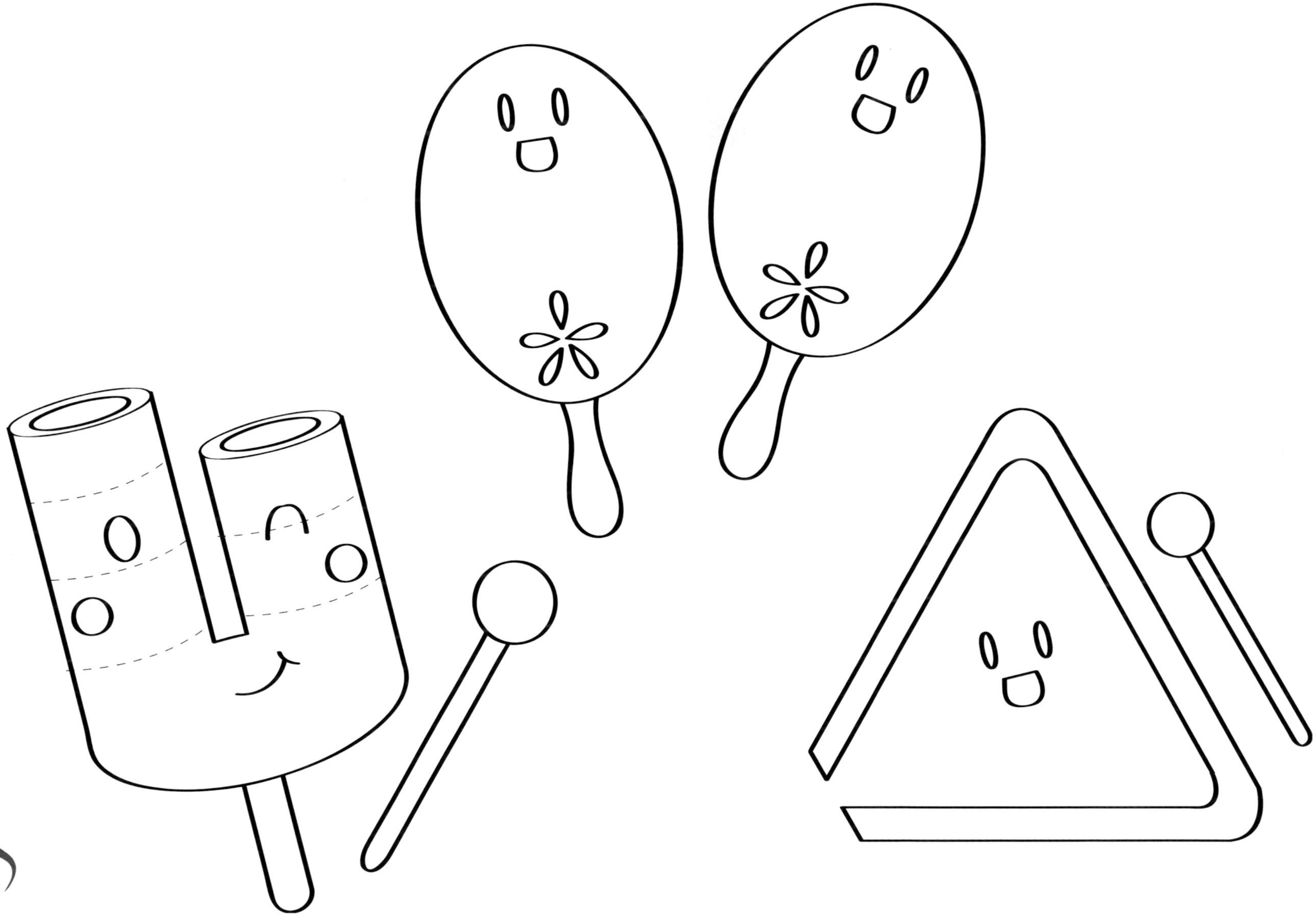

⑫ 星星在唱歌

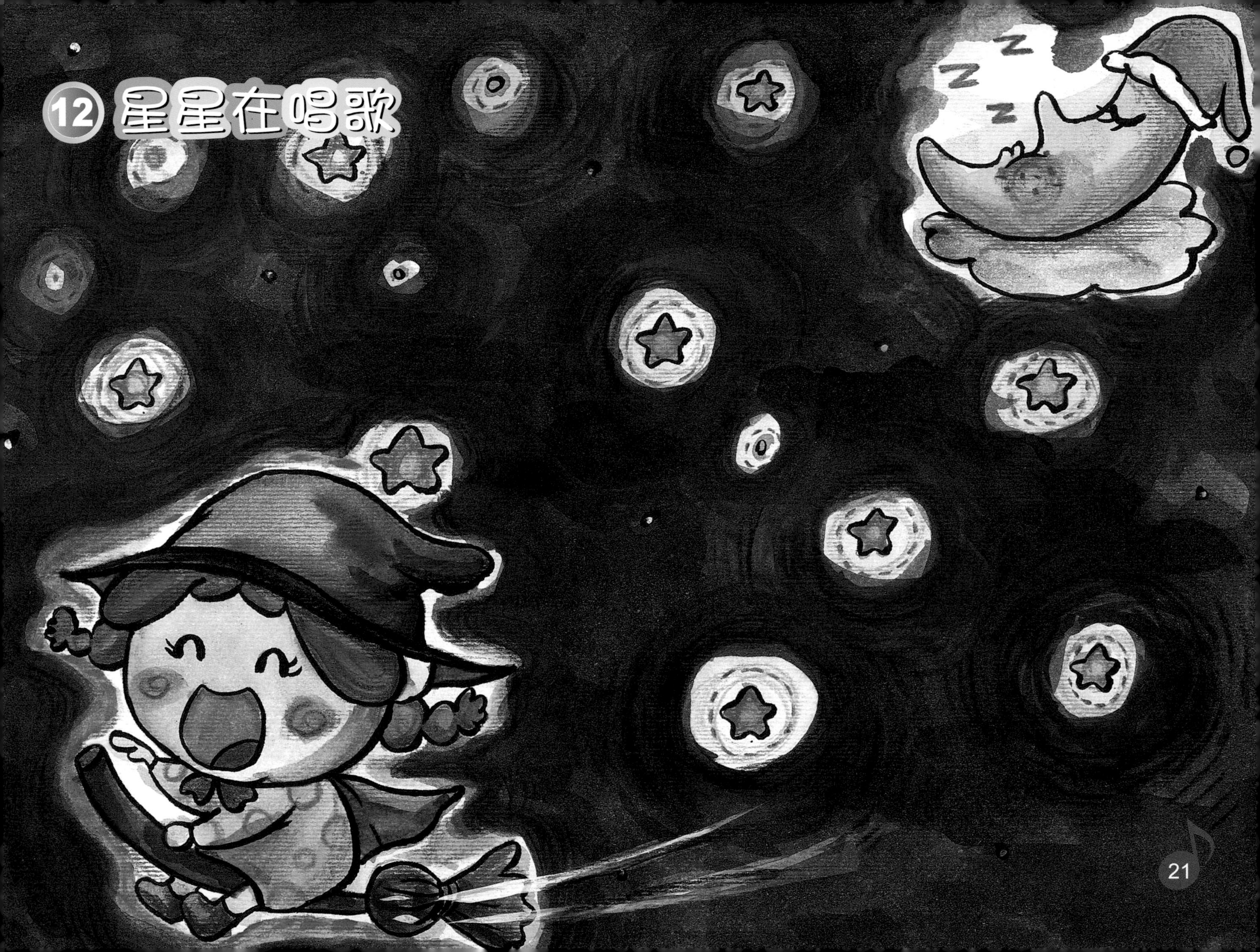

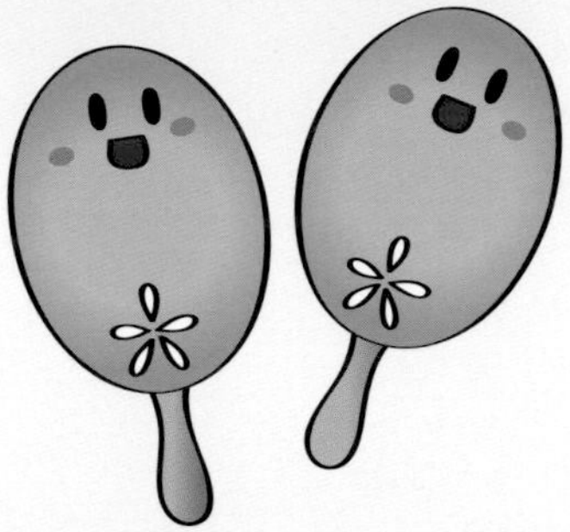

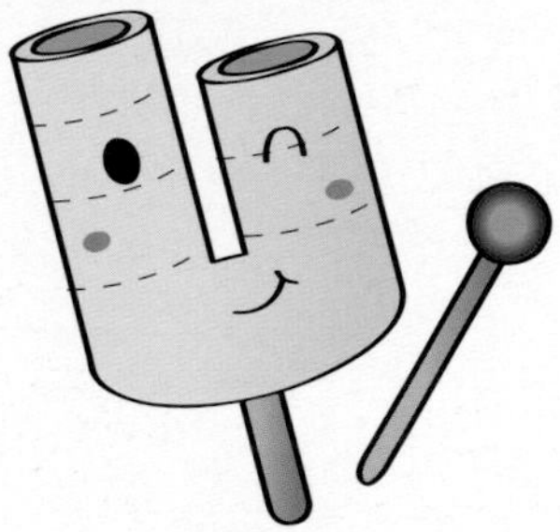

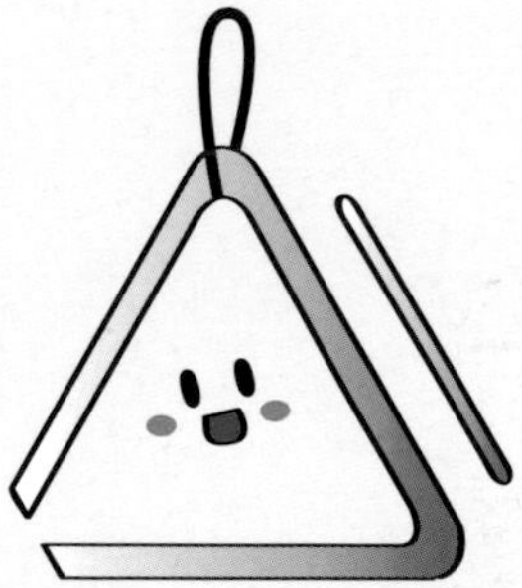

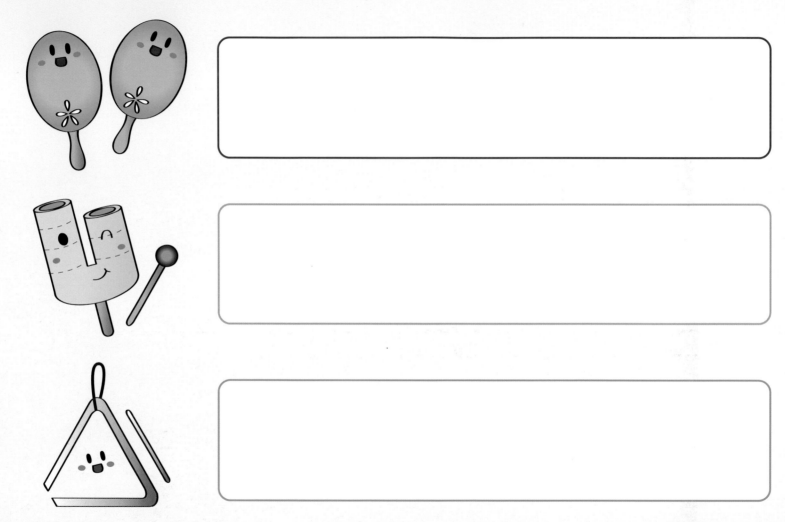

⑬ 魔幻列車

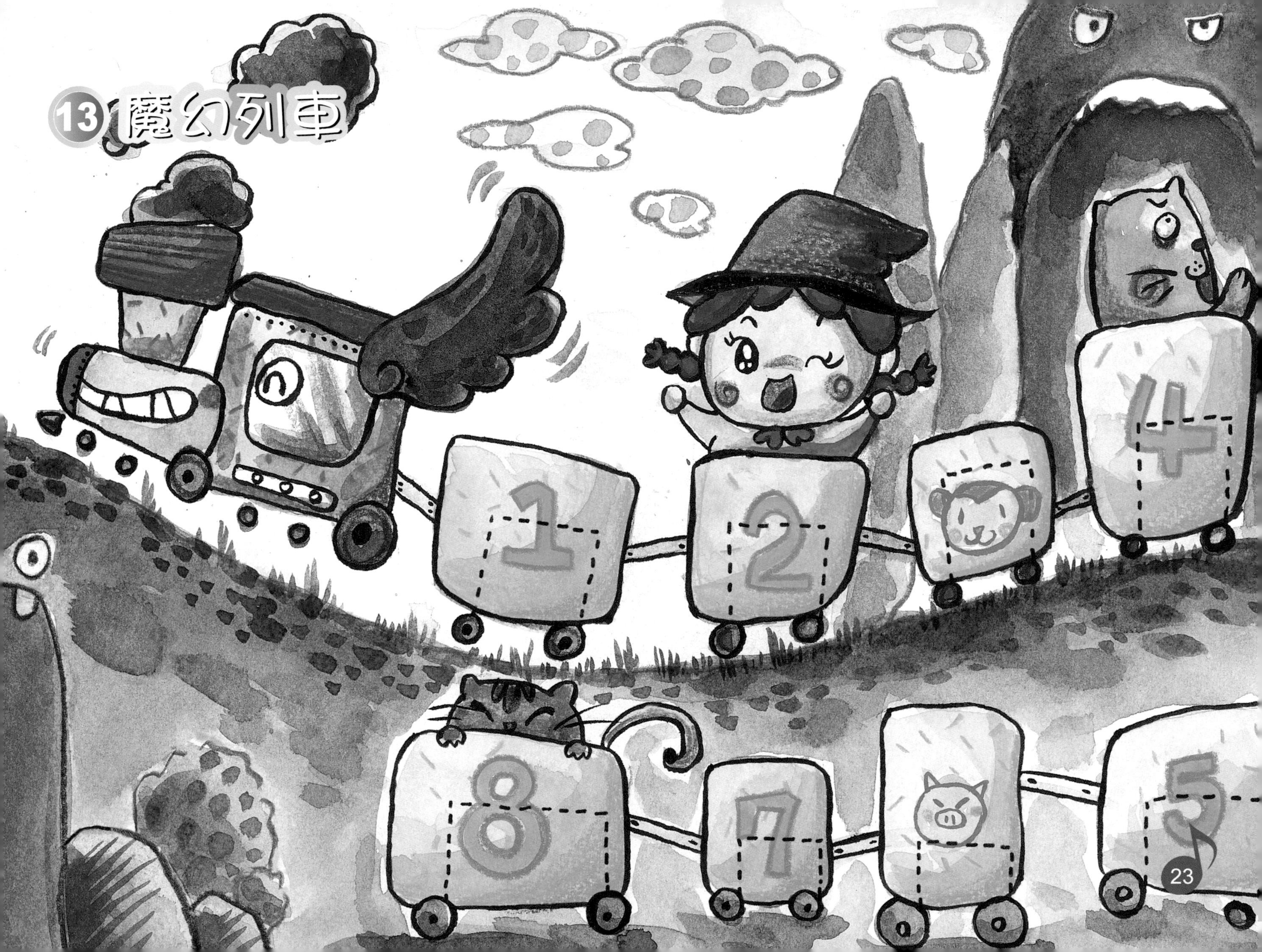

⑭ 櫻花季

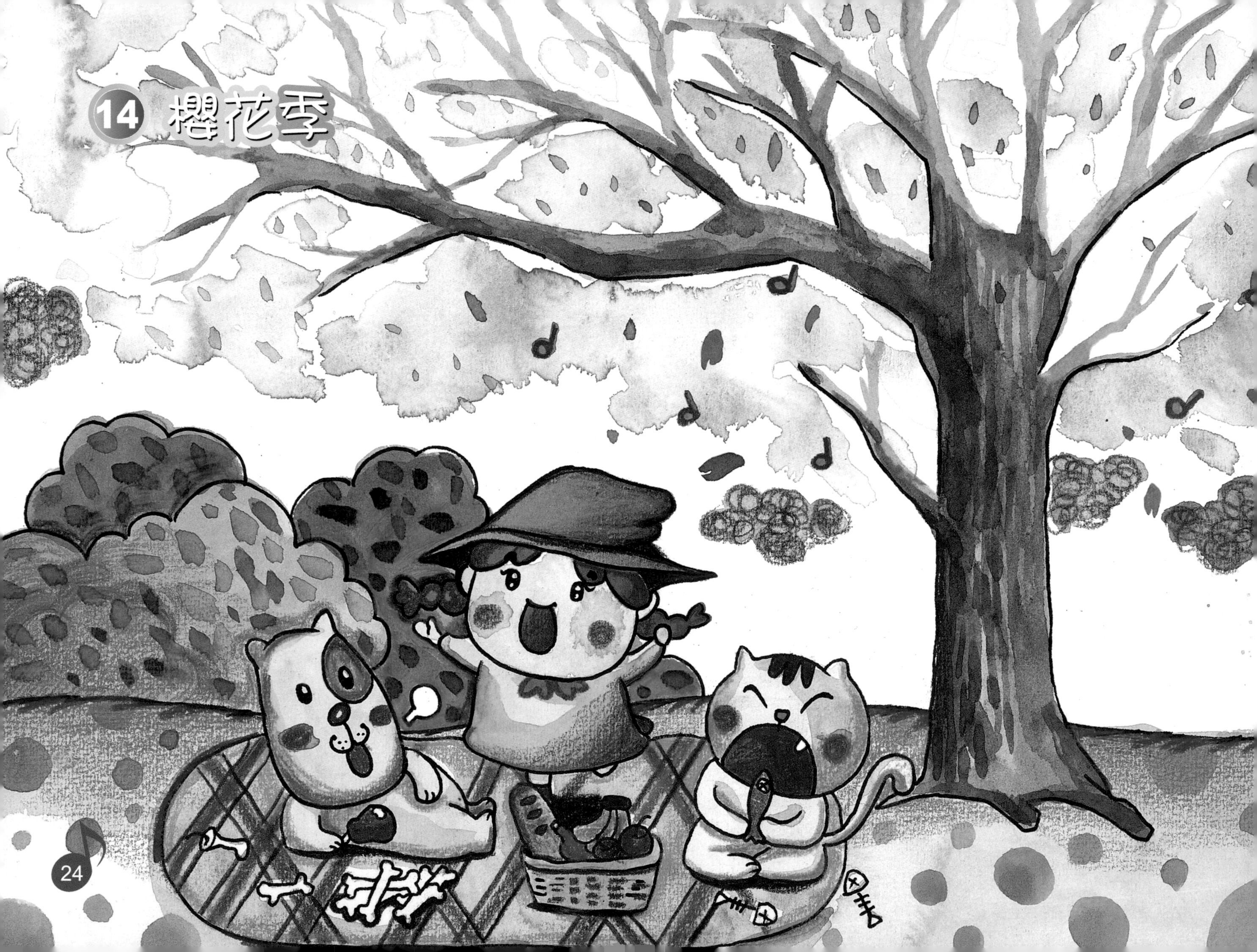

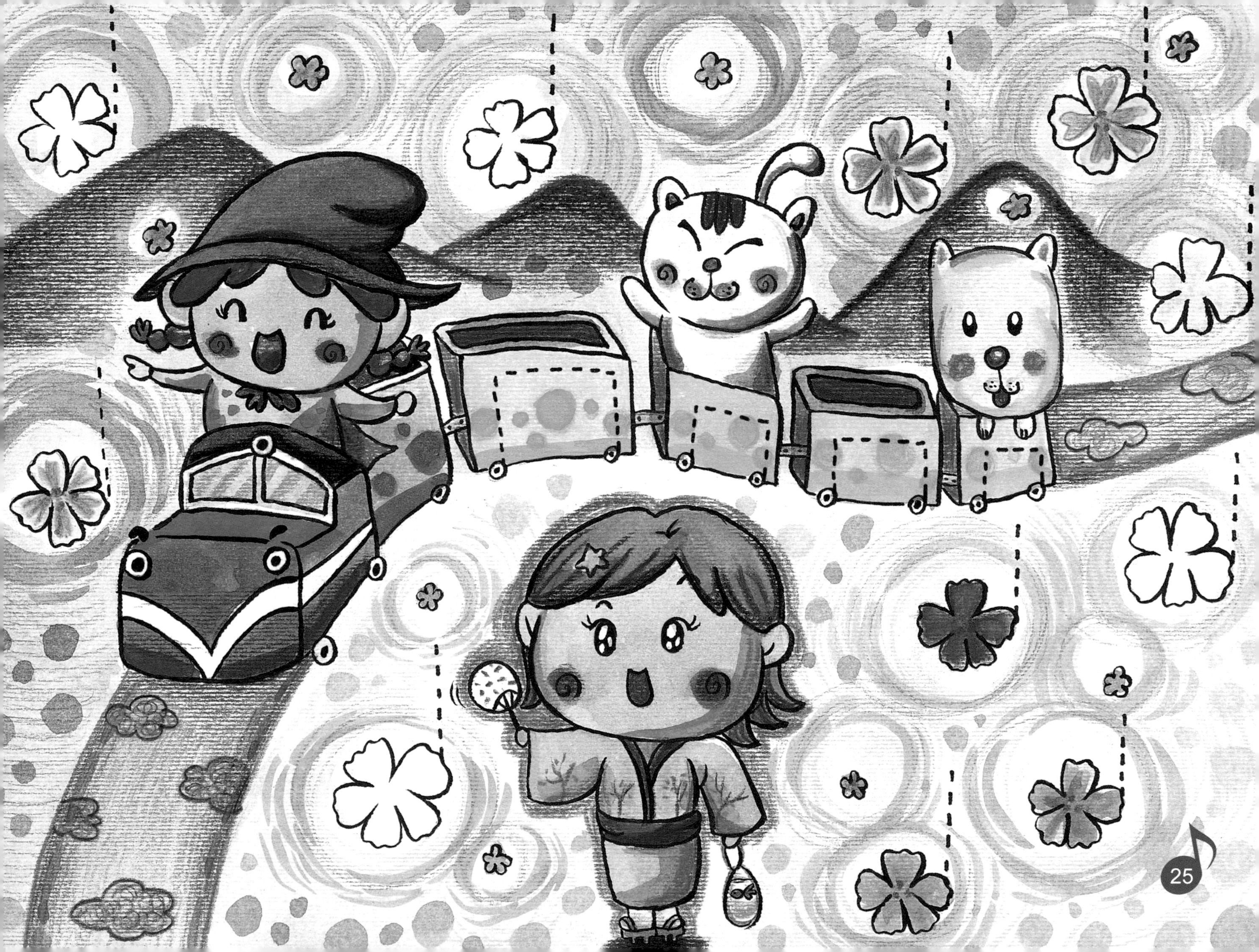

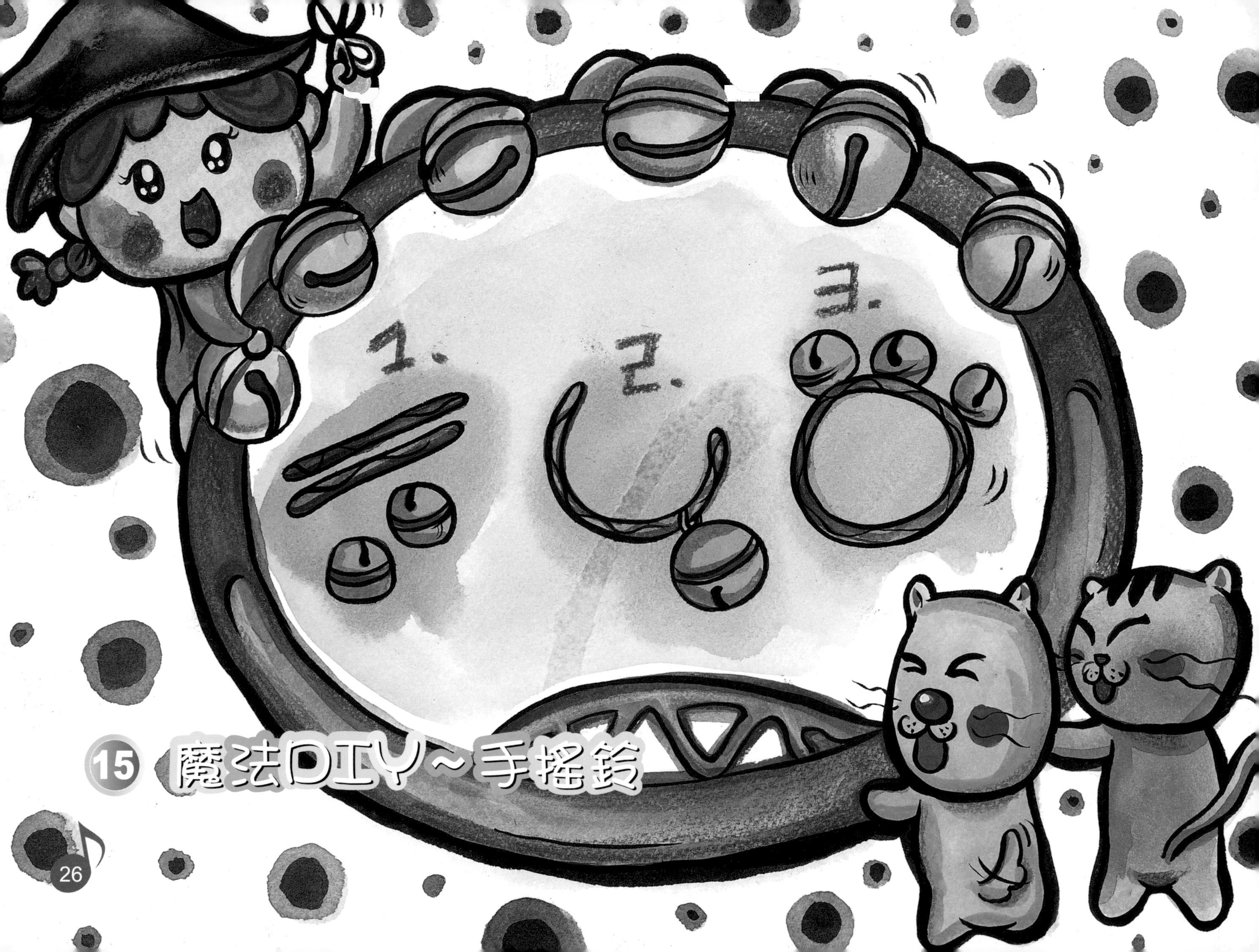

15 魔法DIY～手搖鈴

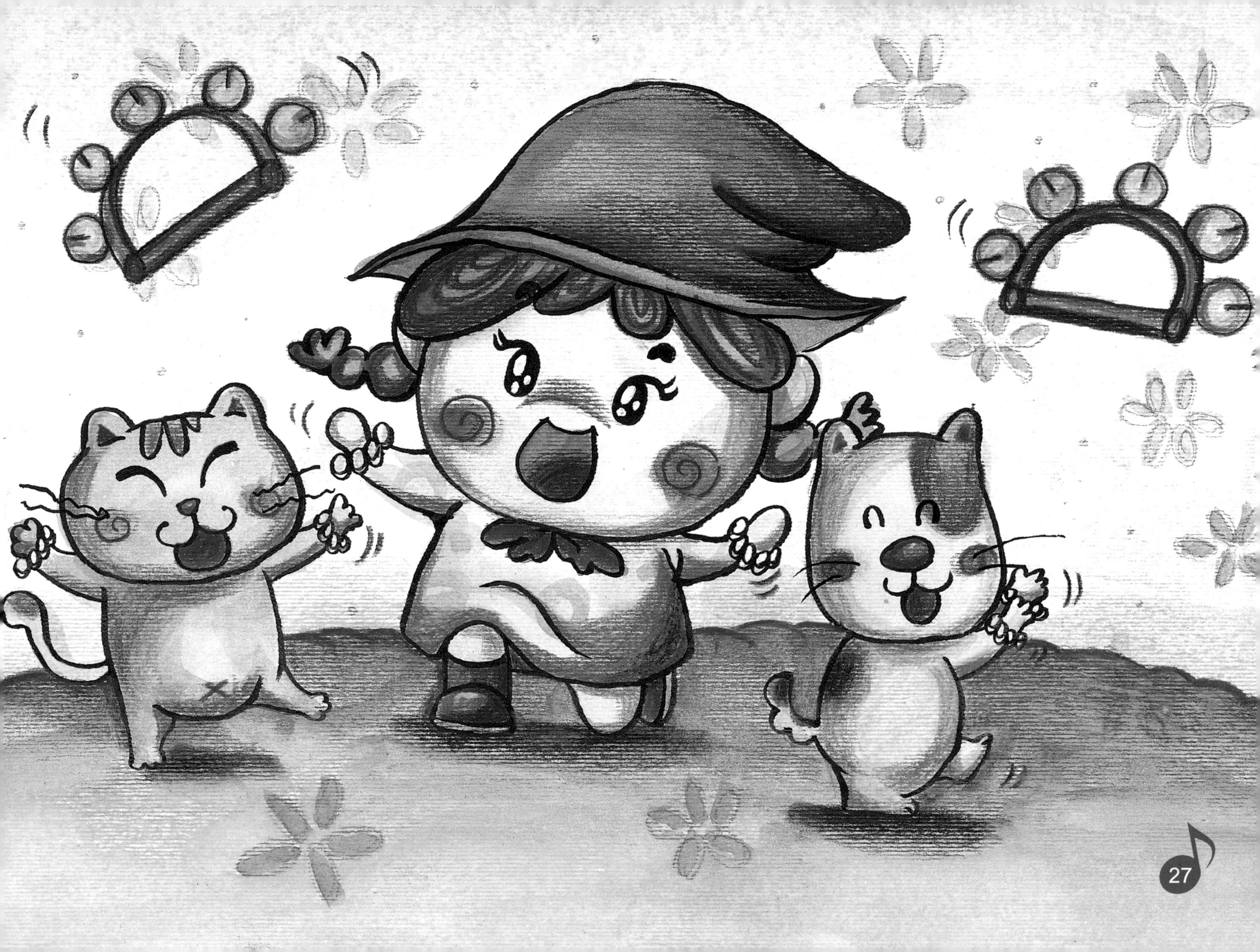

16 滑雪樂

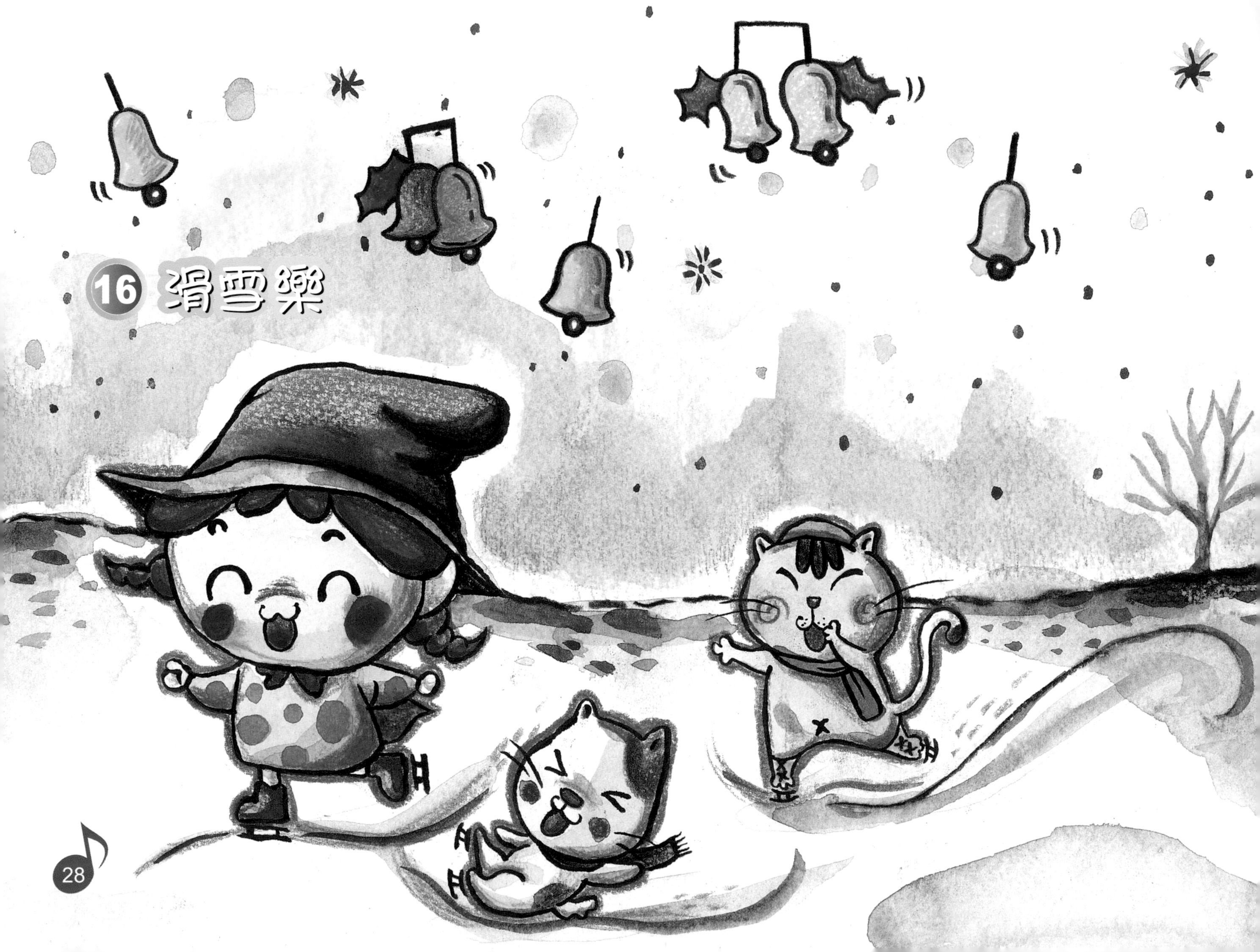

17 月光雪橇

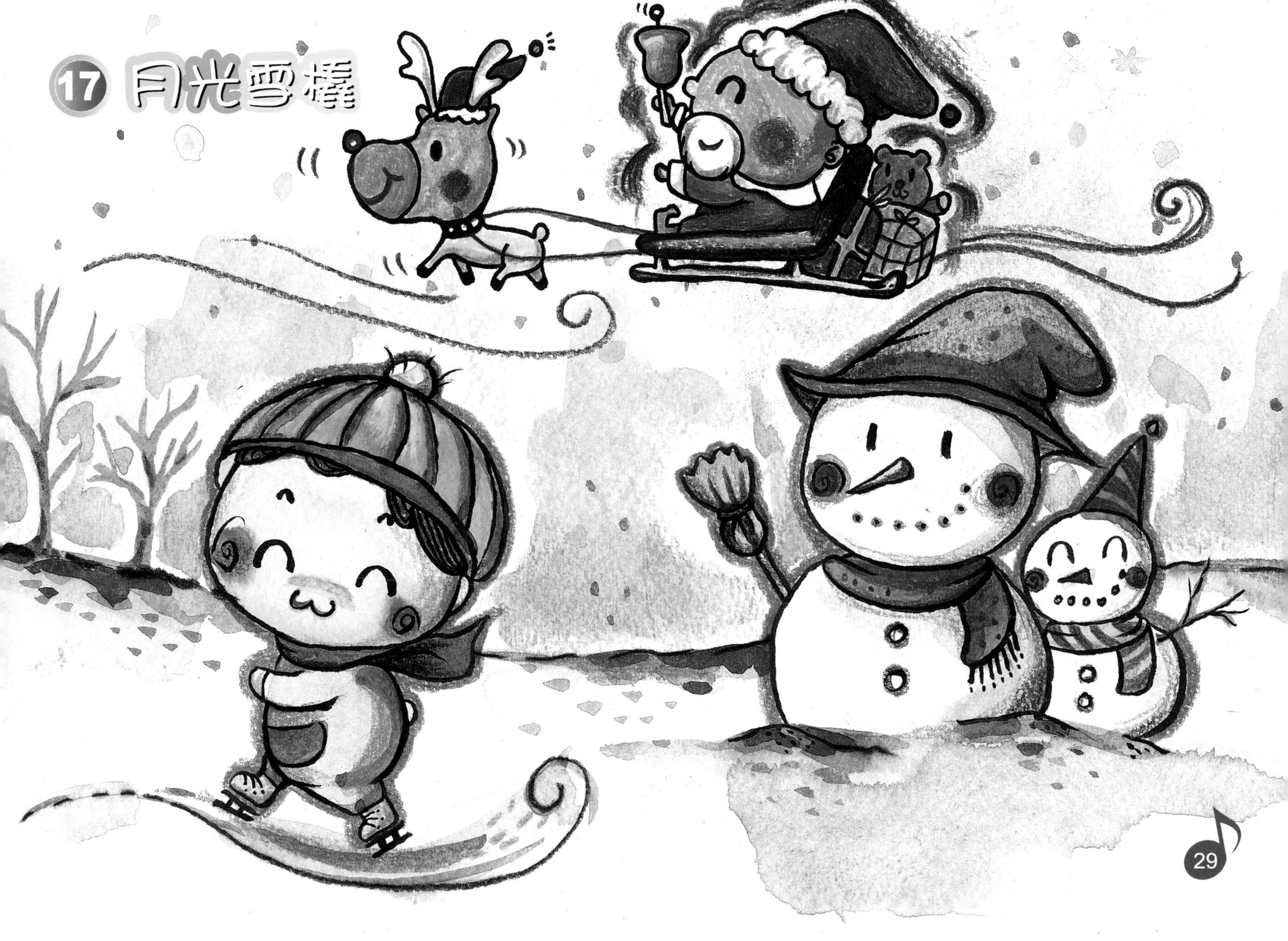

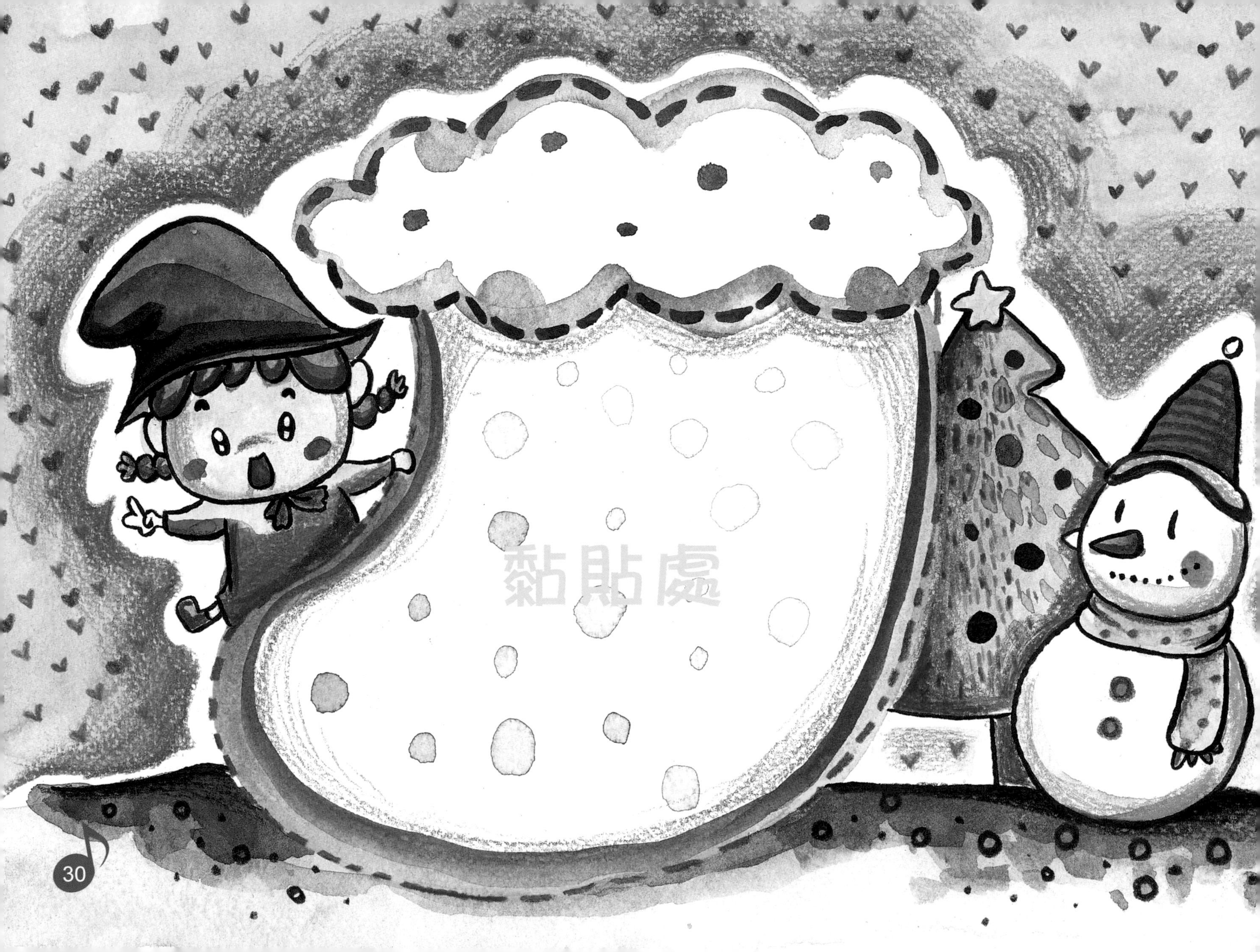
黏貼處

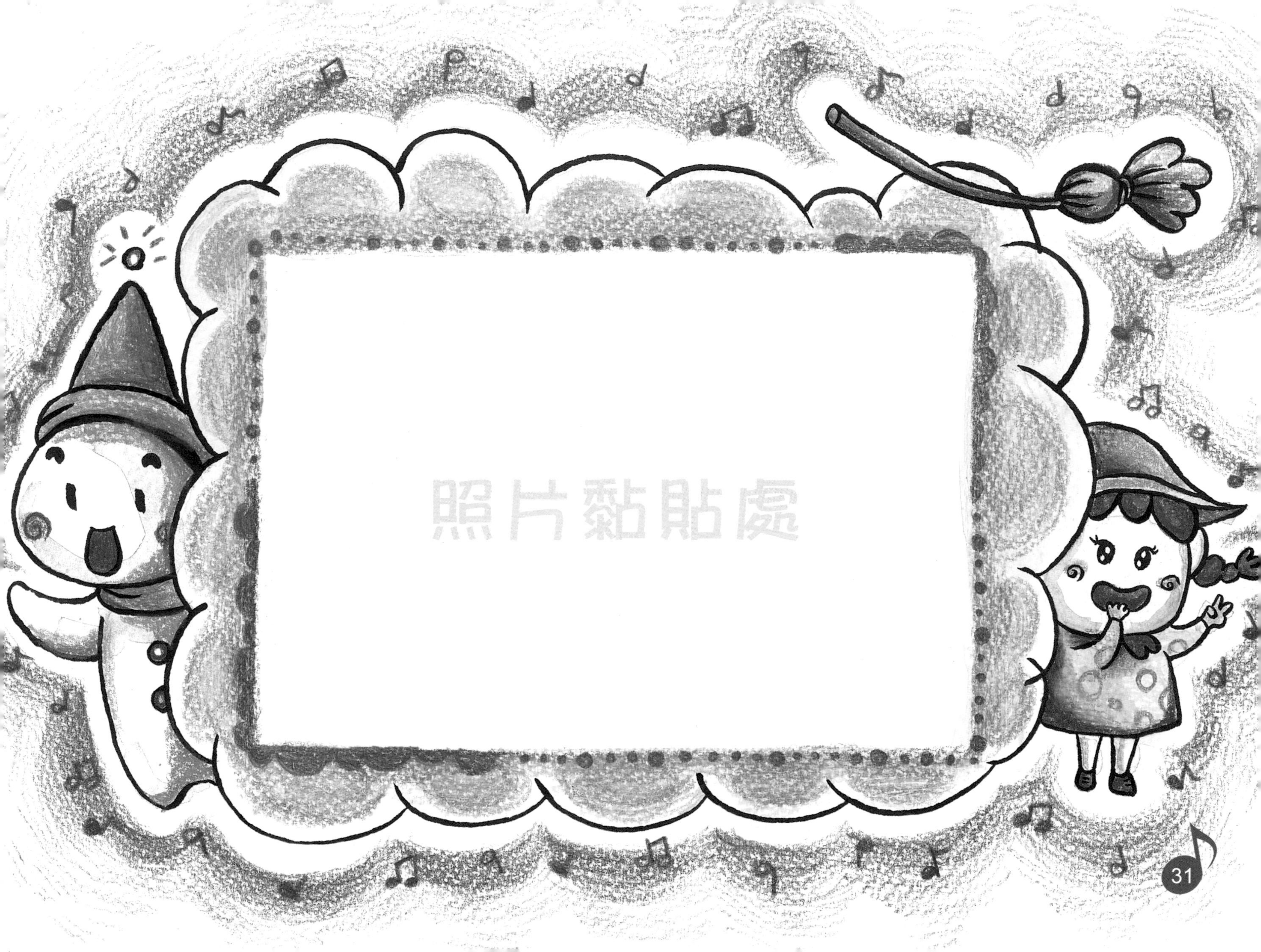
照片黏貼處

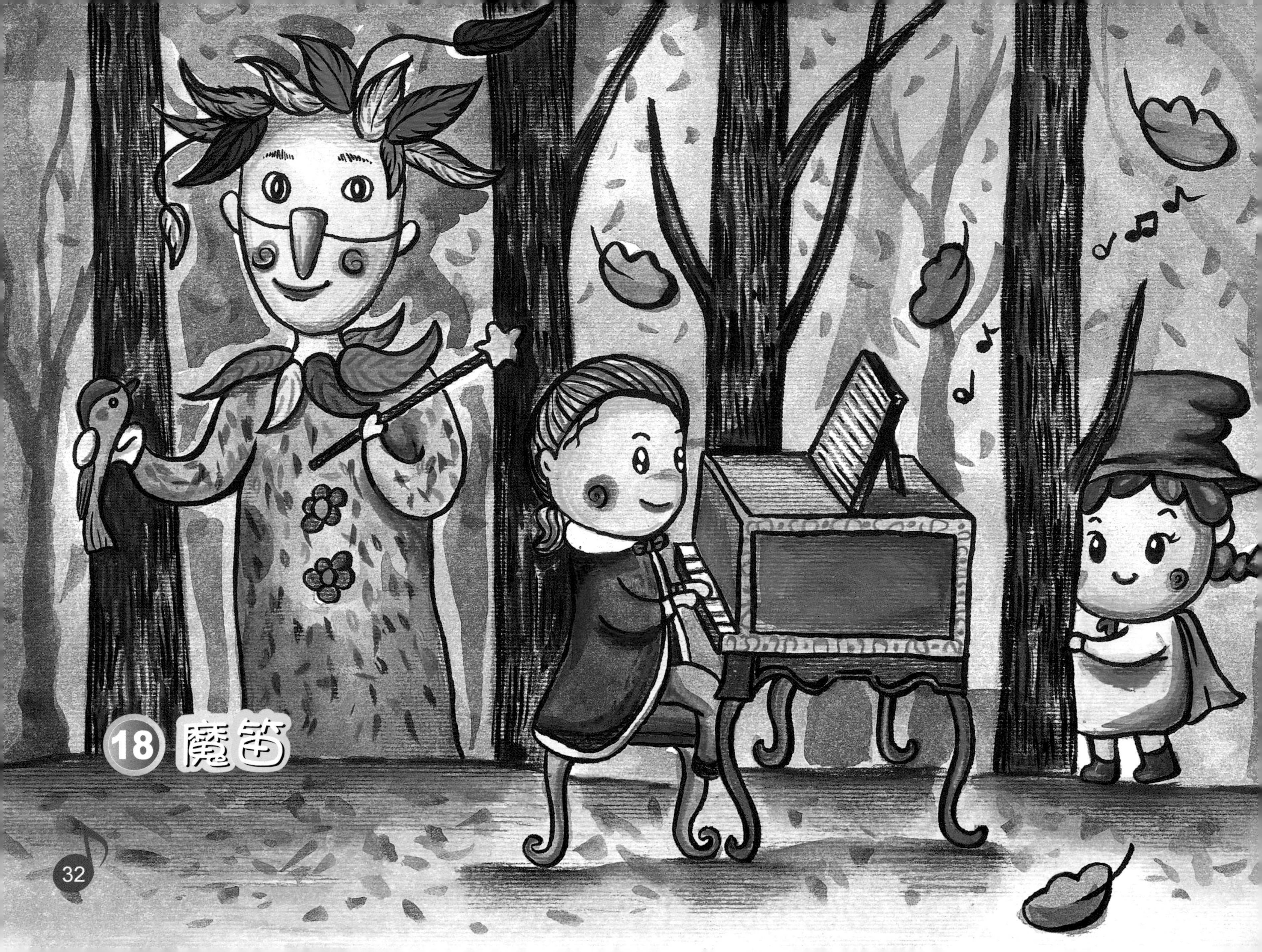

18 魔笛

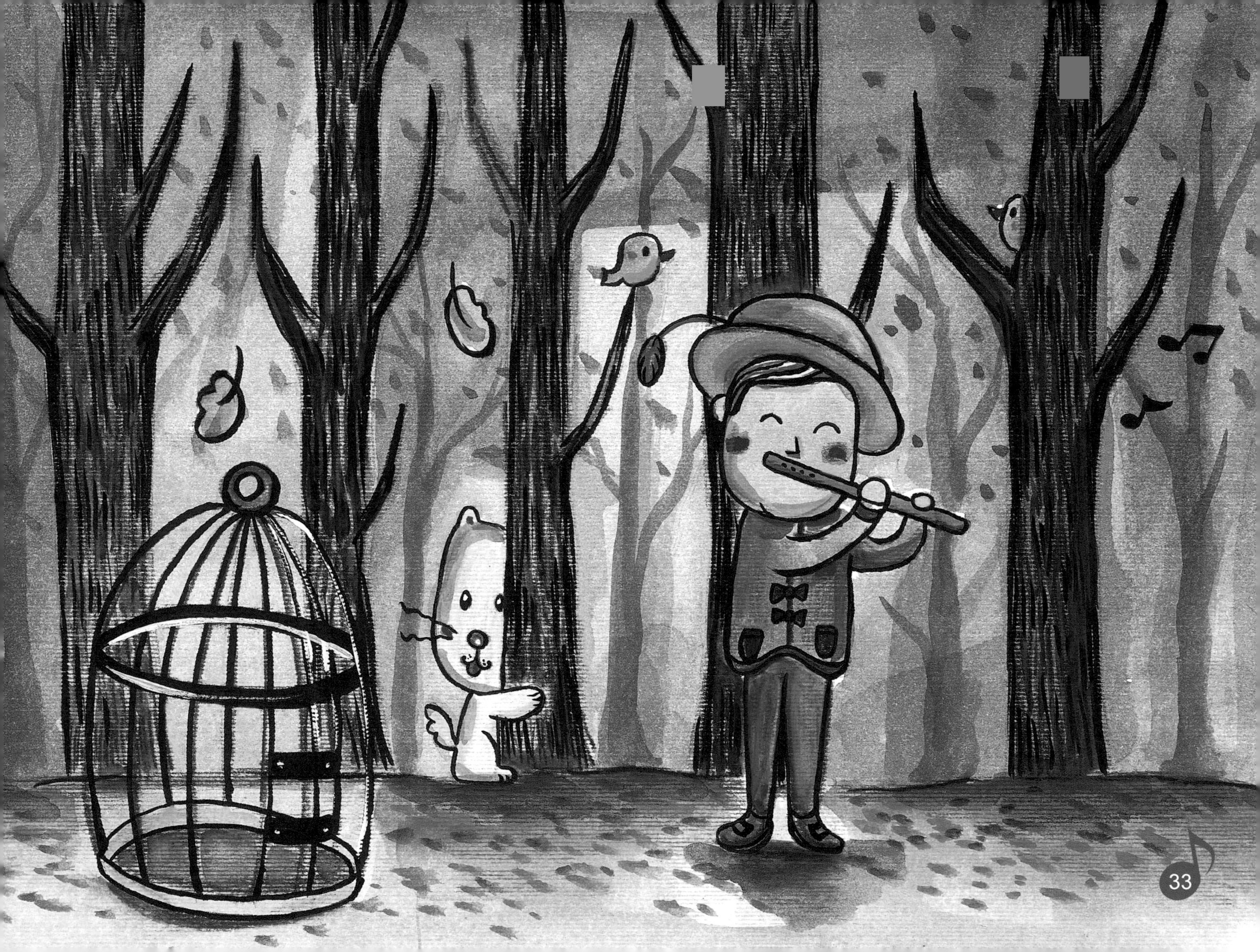

19 歡樂過新年

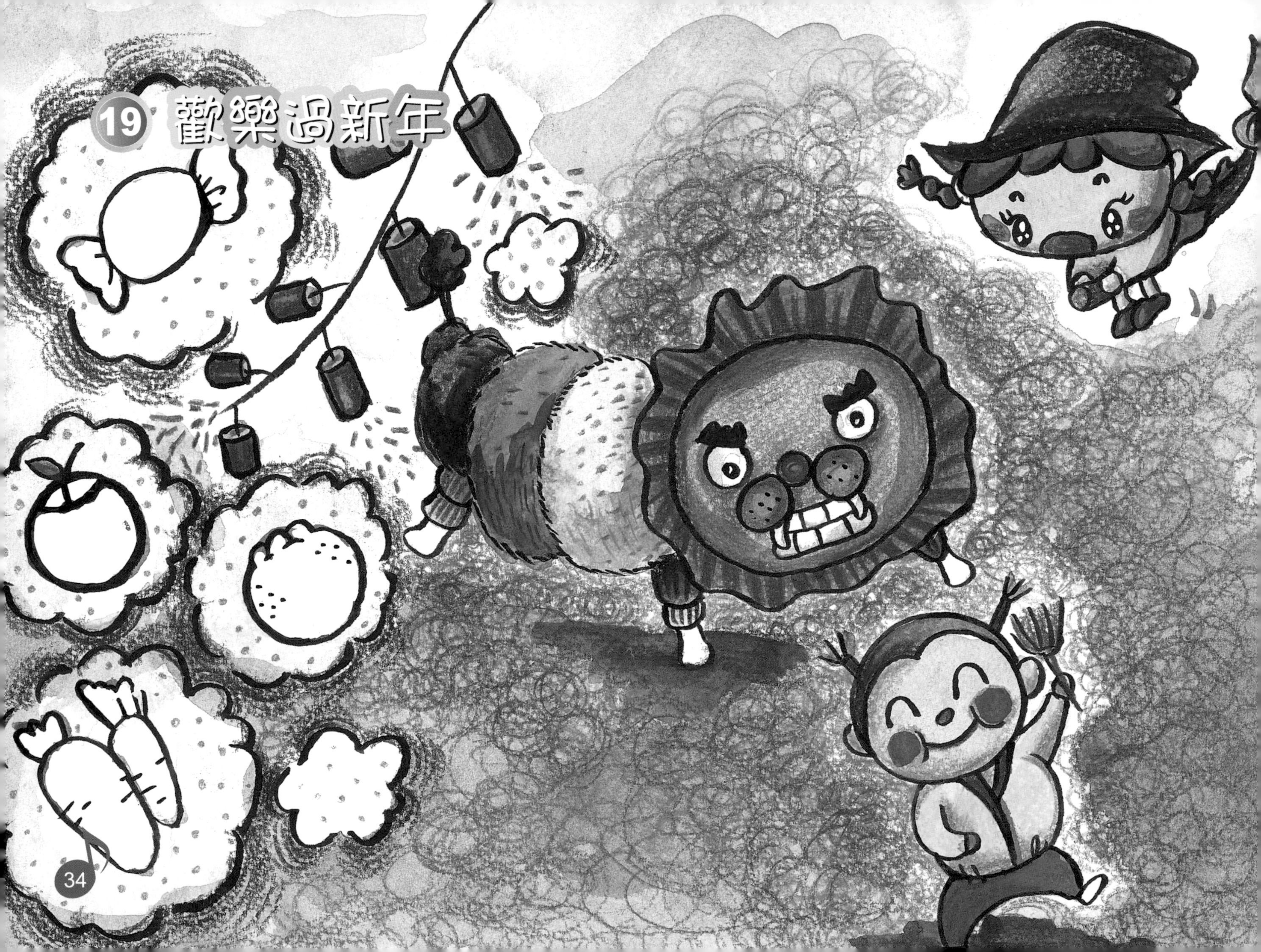

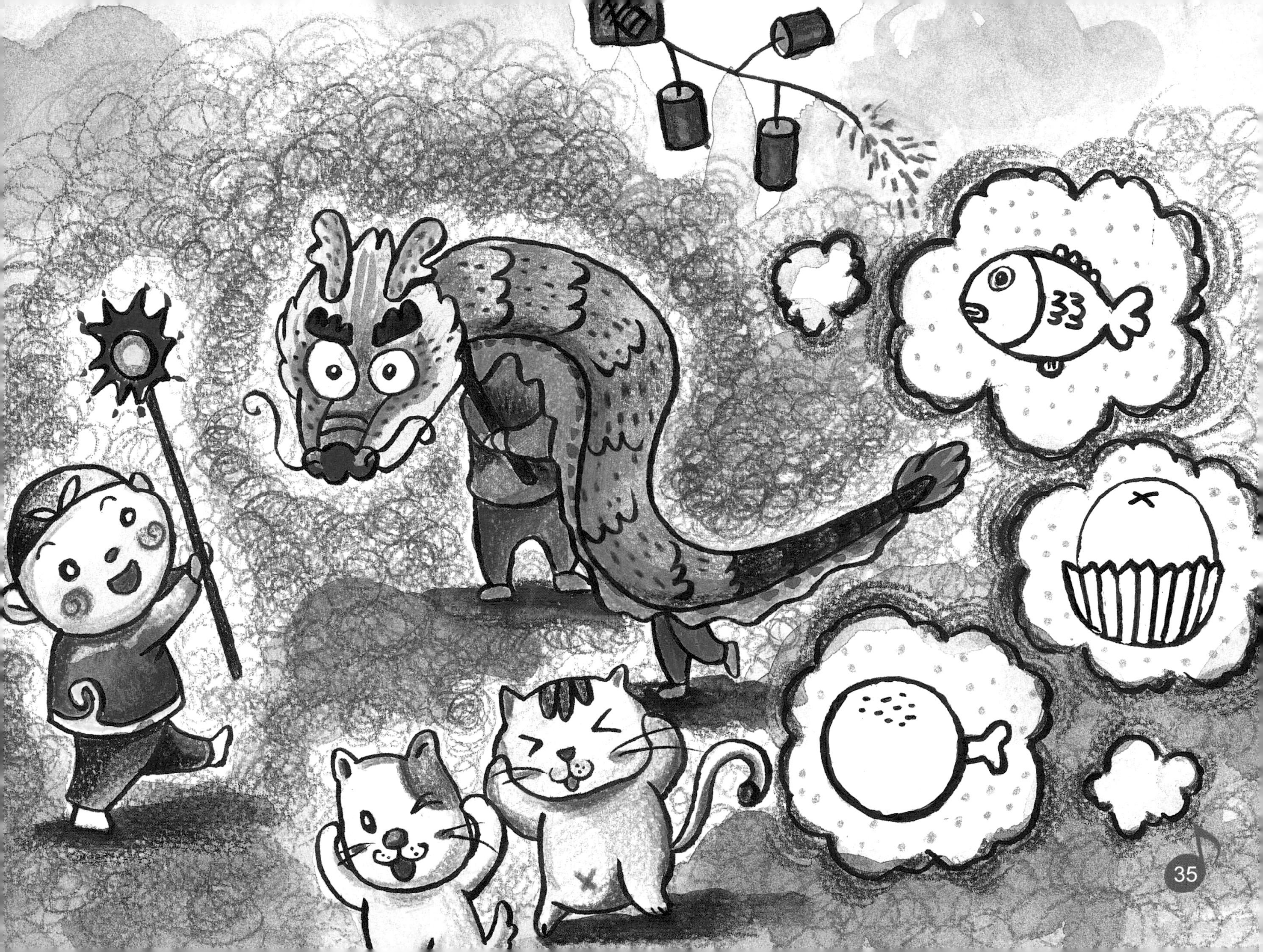

20 霹靂龍和吉祥獅

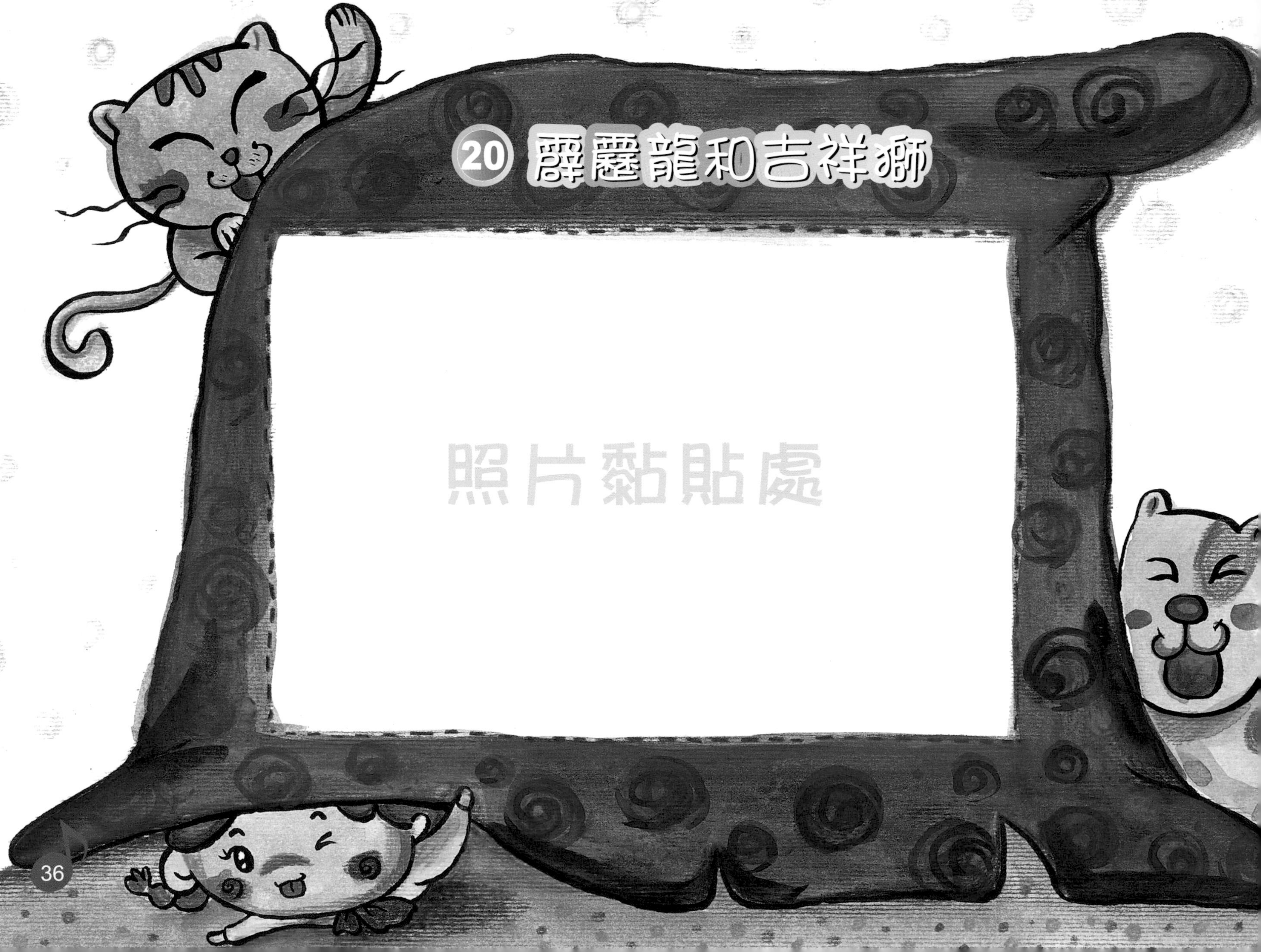

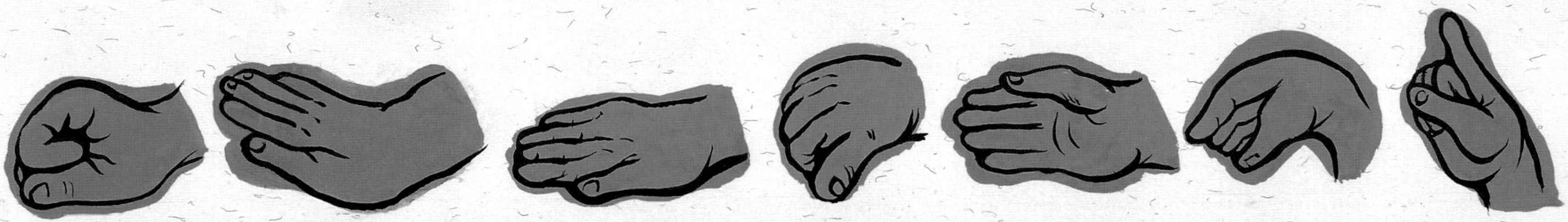

C	**D**	**E**	**F**	**G**	**A**	**B**
Do	Re	Mi	Fa	Sol	La	Si

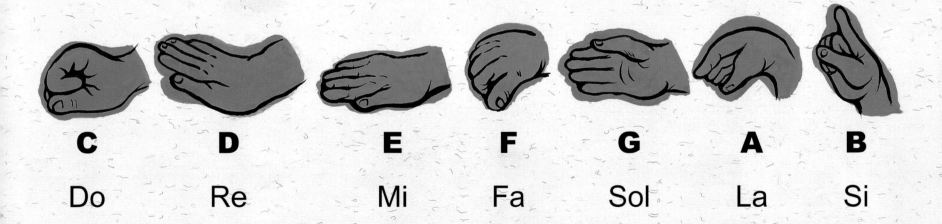

8 魔力我最棒

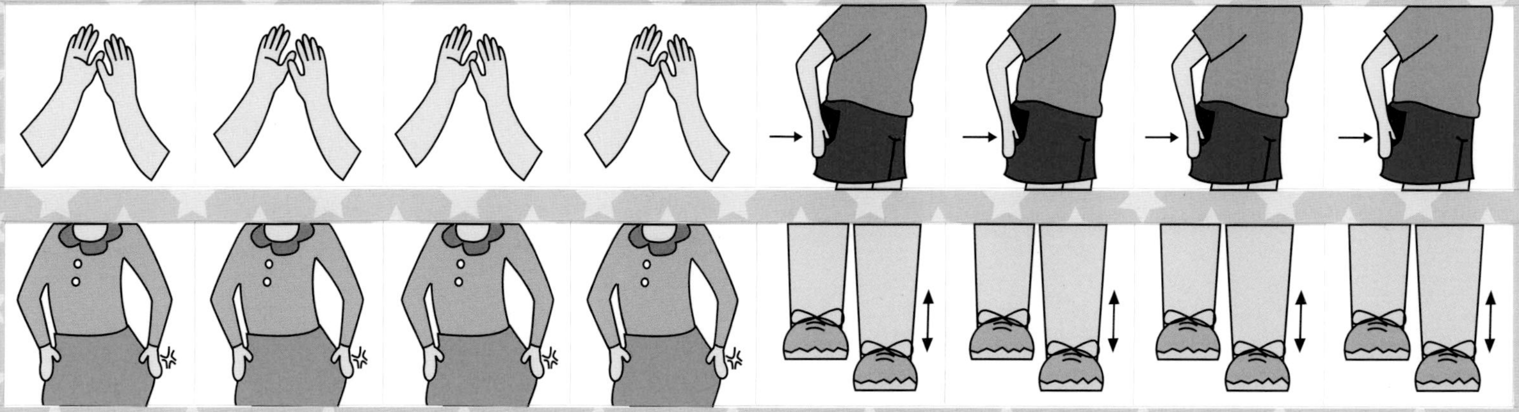

獎勵貼紙

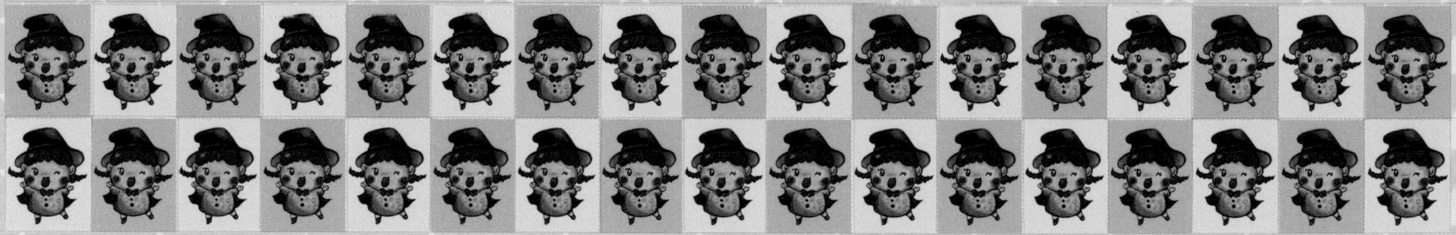

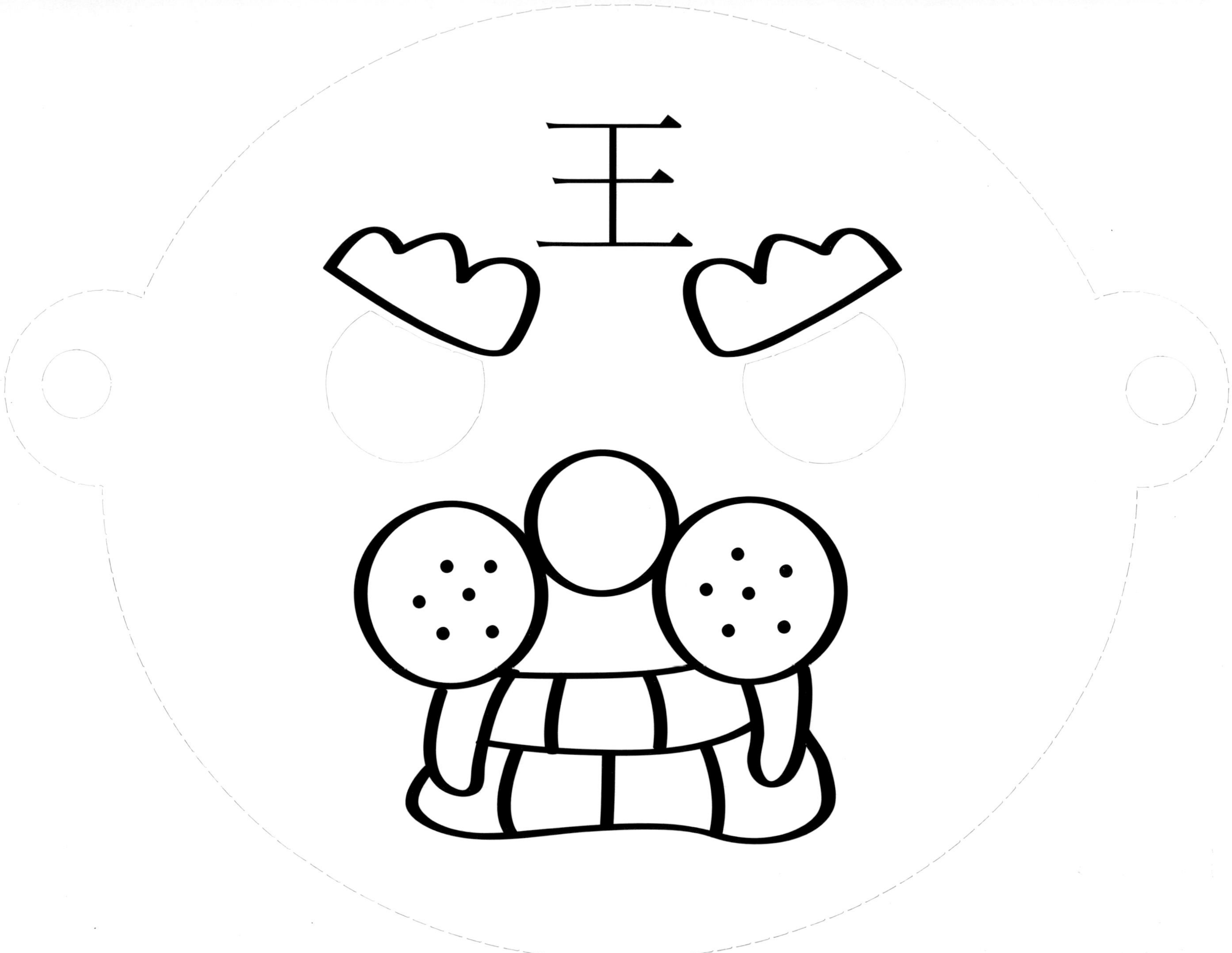
王

幼兒照片
黏貼處

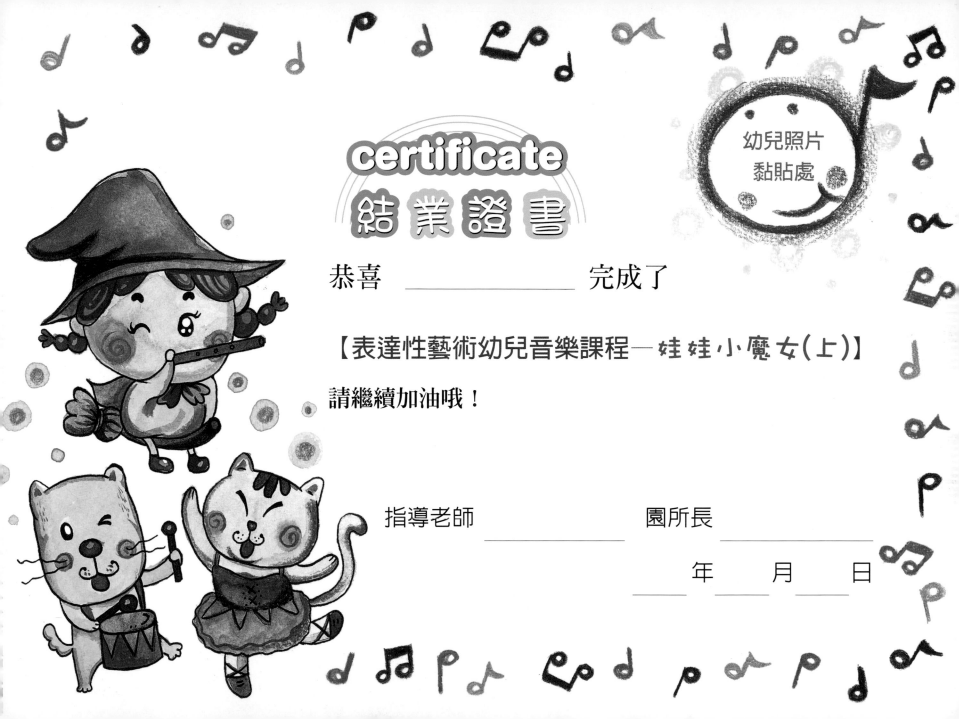

certificate

結業證書

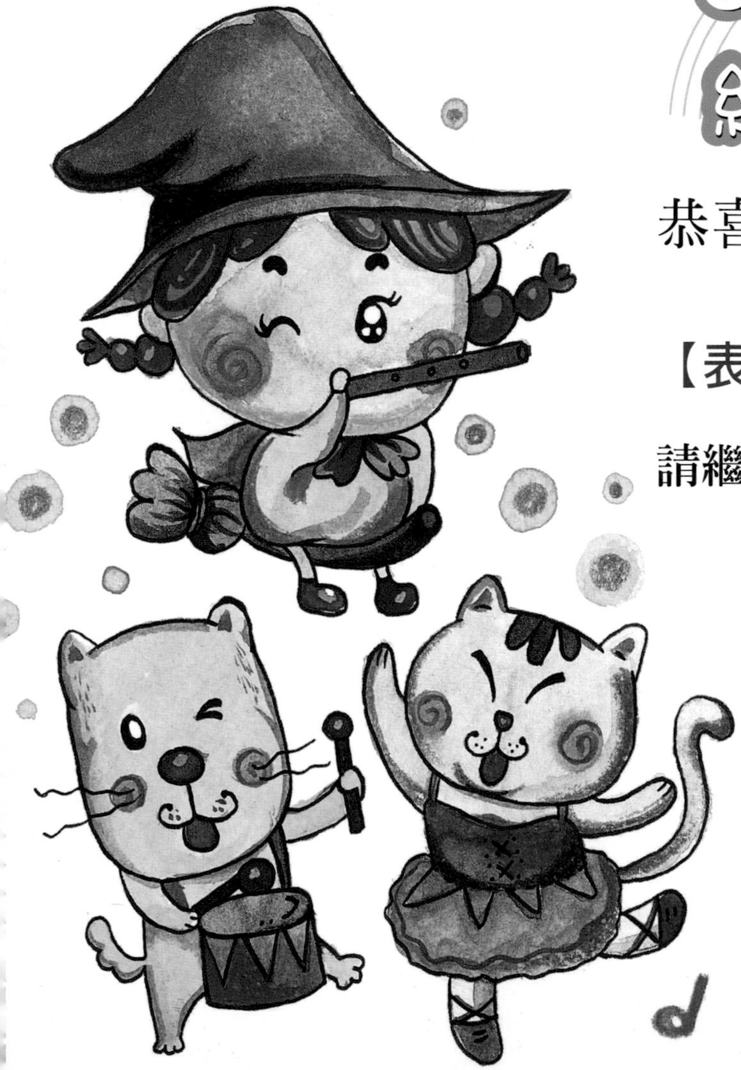

恭喜 ______________ 完成了

【表達性藝術幼兒音樂課程—娃娃小魔女(上)】

請繼續加油哦！

指導老師 ______________ 園所長 ______________

______年______月______日

表達性藝術幼兒音樂課程系列 2

幼兒音樂課本—娃娃小魔女【小班；上冊】

作　　者：吳幸如
繪　　者：賴虹年
執行編輯：陳文玲
總 編 輯：林敬堯
出 版 者：心理出版社股份有限公司
社　　址：台北市和平東路一段 180 號 7 樓
總　　機：(02) 23671490　　傳　　真：(02) 23671457
郵　　撥：19293172　心理出版社股份有限公司
電子信箱：psychoco@ms15.hinet.net
網　　址：www.psy.com.tw
駐美代表：Lisa Wu　tel: 973 546-5845　fax: 973 546-7651
登 記 證：局版北市業字第 1372 號
電腦排版：辰皓國際出版製作有限公司
印 刷 者：辰皓國際出版製作有限公司
初版一刷：2005 年 11 月

定價：新台幣 250 元

ISBN 957-702-847-0

56002